民国世界文学经典译著·文献版（第四辑：法国小说）

◆传记小说◆

Voltaire

服而德传

（伏尔泰传）

[法]莫罗阿（Andre Maurois）著
傅雷 译

上海三联书店

图书在版编目(CIP)数据

服而德传：伏尔泰传 / [法] 莫罗阿著；傅雷译．
—上海：上海三联书店，2018.4
ISBN 978-7-5426-6137-1

Ⅰ．①服… Ⅱ．①莫…②傅… Ⅲ．①伏尔泰（Voltaire,Francois-Marie,Arouet 1694-1778）—传记 Ⅳ．① K835.655.6

中国版本图书馆 CIP 数据核字（2017）第 297894 号

服而德传（伏尔泰传）

著　　者 / [法] 莫罗阿（Andre Maurois）
译　　者 / 傅　雷

责任编辑 / 陈启甸
封面设计 / 清　风
责任校对 / 江　岩
策　　划 / 嘎　拉
执　　行 / 取映文化
监　　制 / 姚　军

出版发行 / 上海三联书店
（201199）中国上海市闵行区都市路 4855 号 2 座 10 楼
电　　话 / 021-22895557
印　　刷 / 常熟市人民印刷有限公司

版　　次 / 2018 年 4 月第 1 版
印　　次 / 2018 年 4 月第 1 次印刷
开　　本 / 650×900　1/16
字　　数 / 160 千字
印　　张 / 9.5
书　　号 / ISBN 978-7-5426-6137-1 / K·44
定　　价 / 68.00 元

出版人的话

中国现代书面语言的表述方法和体裁样式的形成，是与20世纪上半叶兴起的大量翻译外国作品的影响分不开的。那个时期对于外国作品的翻译，逐渐朝着更为白话的方面发展，使语言的通俗性、叙述的完整性、描写的生动性、刻画的可感性以及句子的逻辑性……都逐渐摆脱了文言文不可避免的局限，影响着文学或其他著述朝着翻译的语言样式发展。这种日趋成熟的翻译语言，推动了白话文运动的兴起，同时也助推了中国现代文学创作的生成。

中国几千年来的文学一直是以文言文为主体的。传统的文言文用词简练、韵律有致，清末民初还盛行桐城派的义法，讲究“神、理、气、味、格、律、声、色”。但这也在一定程度上限制了情感、叙事和论述的表达，特别是面对西式的多有铺陈性的语境。在西方著作大量涌入的民国初期，文言文开始显得力不从心。取而代之的是在新文化运动中兴起的用白话文的句式、文法、词汇等构建的翻译作品。这样的翻译推动了“白话文革命”。白话文的语句应用，正是通过直接借用西方的语言表述方式的翻译和著述，逐渐演进为现代汉语的语法和形式逻辑。

著译不分家，著译合一。这是当时的独特现象。这套丛书所选的译著，其译者大多是翻译与创作合一的文章大家，是中国现代书面语言表述和中国现代文学创作的实践者。如林纾、耿济之、伍光建、戴望舒、曾朴、芳信、李劼人、李葆贞、郑振铎、洪灵菲、洪深、李兰、钟宪民、鲁迅、刘半农、朱生豪、王维克、傅雷等。还有一些重要的翻译与创作合一的大家，因丛书选入的译著不涉及未提。

梳理并出版这样一套丛书，是在还原中国现代文学史上的重要文献。迄今为止，国人对于世界文学经典的认同，大体没有超出那时的翻译范围。

当今的翻译可以更加成熟地运用现代汉语的句式、语法及逻辑接轨于外文，有能力超越那时的水准。但也有不及那时译者对中国传统语言精当运用的情形，使译述的语句相对冗长。当今的翻译大多是在著译明确分工的情形下进行，译者就更需要从著译合一的大家那里汲取借鉴。遗憾的是当初的译本已难寻觅，后来重编的版本也难免在经历社会变迁中或多或少失去原本意蕴。特别是那些把原译作为参照力求摆脱原译文字的重译，难免会用同义或相近词句改变当初更恰当的语义。当然，先入为主的翻译可能会让后译者不易企及。原始地再现初时的翻译本貌，也是为当今的翻译提供值得借鉴的蓝本。

搜寻查找并编辑出版这样一套丛书并非易事。

首先确定这些译本在中国是否首译。

其次是这些首译曾经的影响。丛书拾回了许多因种种原因被后来丢弃的不曾重版的当时译著，今天的许多读者不知道有所发生，但在当时确是产生过一定的影响。

再次是翻译的文学体裁尽可能齐全，包括小说、戏剧、传记、诗歌等，展现那时面对世界文学的海纳百川。特别是当时出现了对外国戏剧的大量翻译，这是与在新文化运动影响下兴起的模仿西方戏剧样式的新剧热潮分不开的。

困难的是，大多原译著，因当时的战乱或条件所限，完好保存下来极难，多有缺页残页或字迹模糊难辨的情况，能以现在这样的面貌呈现，在技术上、编辑校勘上作了十足的努力，达到了完整并清楚阅读的效果，很不容易。

“民国世界文学经典译著 · 文献版”首编为九辑：一至六辑为长篇小说，61种73卷本；七辑为中短篇小说，11种（集）；八、九辑为戏剧，27种32卷本。总计99种116卷本。其中有些译著当时出版为多卷本，根据容量合订为一卷本。

总之，编辑出版这样一套规模不小的丛书，把世界文学经典译著发生的初始版本再为呈现，对于研究界、翻译界以及感兴趣的读者无疑是件好事，对于文化的积累更是具有延续传承的重要意义。

2018年3月1日

[法]莫羅阿(Andre Maurois)著
傅雷譯

服而德傳

中華民國二十五年七月初版

服爾德浮彫像

服爾德（Voltaire）時人多譯作福祿特爾，鄙意與原文讀音未盡相符，因援用北平中法大學服爾德學院譯名。竊意凡外國人名之已有實際應用者較有普遍性，似不必於文字上另用新譯。

本書所引詩句，祇譯其大意，讀者諒之。本書中註解皆爲譯者添加，以便讀者。本書採用一九三五年巴黎 Gallimard 書店 nrf 版本。

譯者附識　二十五年四月

目錄

服爾德傳

一　十八世紀的淵源與特徵

路易十四 Louis XIV，生於一六三八年，一六四三年登位，御極七十二年而崩。在位時蕩平諸侯，統一法國，奠定近代法國王朝之基業。 的統治是一個聰明政治家的正當的獨裁。而且是必不可少的獨裁。迄十七世紀爲止，法國貴族始終是桀驁好戰的階級，屢次作亂，致國家無法統治。個人之間的爭執，其暴烈亦不下於黨派之間的爭執。一五八九至一六〇七年間死於決鬪的竟有七千人。所謂現代國家這種簇新的威力，那些文藝復興期的巨子是不承認的。呂希李安 Richelieu 1585-1642 路易十三朝之名相。 曾把他們抑壓過一時；但在路易十四尚未親政的時期，他們重又擡起頭來，吐出凶猛瘋狂的火燄。卽是女人亦是好勇鬭狠之流，比男子更高傲更殘暴。伽斯東·特·奥萊昂 Gaston d Orléans 1608-1668 路易十三之王弟，爲權貴之首。 有一封信是『致諸位伯爵夫人，反對瑪查冷 Mazarin 路易十三之陣線中之司令夫人』的。那時的情勢，只要瀏覽雷玆大主教 Cardinal de Retz 1613-1679 法國政治家，作家。或拉・洛希夫谷 La Rochefaucauld 1613-1680 法國大文學家，以諷刺尖刻著。的回憶錄，便可懂得非絕對專制的君主不足以馴服那般英武危險的魔王了。（、十四兩朝之首相，呂希李安後之重臣。）

呂希李安開創的事業，經過瑪查冷與路易十四兩人方告完成。那些強大的諸侯，輕視國家的個人，在十七世紀中崩潰了。文學與社交，同時也發生劇烈的轉變。內亂中的強悍的戰士學習週旋於客廳中的禮儀。路易十四的宮廷中，大家都受着翠居精神的薰陶。『武士一變而爲紳士……見何雷古典主義者一書佩劍一變而爲裝飾品。』按武士 Chevalier，係指中古及文藝復興期的貴族，好勇鬬狠，以豪俠英武爲尚。Cavalier 一字在此與 gentilhomme 同義，意爲彬彬有禮，溫文爾雅之謂。軍人在年富力強的時節已經被命退休，談情說愛的勾當把他們羈縻住了。女人威勢大增。談話與文字的唯一的題材，是分析女子感人的或感到的種種情操，爲表白細膩入微的區別起計，語言磨練得準確，抽象，精鍊起來。於是古典精神誕生了。

在古典精神的發展史中，至少應當分成兩時期。第一時期是高乃伊 Corneille 1606-1684 法國悲劇之創始者，莫利哀 Molière 1622-1673 法國喜劇之創始者。拉・洛希夫谷・塞維尼夫人 Mme de Sévigné 1626-1696 法國女文學家，以書翰著名，的時期，古典精神是一種表現強烈情操時所必須採用的完善的形式。一個偉大的古典主義者決非麻木不仁的人。他有與浪漫主義者一樣的情操。但『他在談話寫作思想諸方面，養成了以上流社會的聽衆爲對象的習慣。』『字彙是輕盈的。凡是專門的術語，迂腐的談吐，粗俗的俚言，一切足以引起上流社會厭惡的字眼，作家都要避免。他們努力養成一種明白曉暢，直捷了當的風格。他們表現個人的痛苦，也不用抒情的自白而出之以一般格言的方式，因爲劇烈的口吻是不登大雅之堂的。但在格言之下，始終於隱約之間露出熱情，而偉大的古典主義者的美，便在這種含蓄上面。

四五十年之後，古典精神腐化了。表面上還是精緻光澤，內裏卻一無所有。趣味變得褊狹了；怕用具體字眼的結果，使文字與現實完全脫離關係。承繼拉西納 Racine 1639–1699 法國悲劇作家，與高乃伊齊名。的是克萊皮翁 Crebillon 1674–1762 與服爾德的悲劇。前此所表現的是就範於客廳生活的英武的貴族，此刻卻是想望英雄情操而不得的客廳中的貴族。戀愛變成縱欲。『夫婦與男女社交之間滿是混亂的現象。』可是寡廉鮮恥在任何時代都足促成統治階級的滅亡。貴族沒落之後，出現了一般議論是非，專好譏諷的中產階級，一部分被路易十四迫使退休的宮臣更去支持他們。青年的貴族夢想有一種新封建制度的運動，夢想有一種貴族的與平民的反響。

當時另一種深刻的思想運動是近代科學的形成。自哥白尼 Copernic 1473-1543 波蘭天文學家首先發明太陽系中心說。伽利萊 Galilée 1564-1642 意大利天文學家，數學家。笛卡兒 Descartes 1596-1650 法國哲學家，數學家。諸人而後，星球的運行，物體的降落，光線的射程，似乎都可由推理來計算預測。人的精神爲這種新的力量陶醉了。理智高於一切。情欲啊，政治啊，上帝啊，都等它來解釋。學在應用抽象的字棨，把原子當作代數上的符號一般，使倫理學家與哲學家以爲一切問題可用純理智來解決。斯賓諾查 Spinoza 1632-1677 荷蘭大哲學家。在倫理學中已把形而上學歸納爲定理與系論。十八世紀的英法哲學家勢將把合乎邏輯的推理來代替本能與傳統。

他們雖已窺見實驗科學的前途，但與促成十九、二十、兩世紀物理化學突飛猛晉的嚴格的方法，以及對於事實的絕對的服從，究竟還差得很遠。可是一般最有思想的人對於世界的觀念，已經受到科學的影響而轉變了。他們不復視世界爲全知全能的神明所導演的簡單的戲劇，卻發見了無數細小的原因的極複雜的遊戲。人不復自以爲萬物的中心，而是迷失於宇宙的一隅的微渺的動物。這些思想減弱宗教的威信，正如愛好批評的中產階級與憤懣不平的貴族階級減弱專制政體的威信一樣。十七世紀時支持法國的砥柱整個地傾倒了。

在摧毀砥柱的破壞工作中最有力的一分子，是一個中產者書吏阿爾哀（Arouet）的兒子，祖上亦是貴族出身，與聖・西蒙 Saint-Simon 1675-1755 家亦有戚誼。

譯者按 Notaire 爲一種法人，有證明文件，保管產業……之權。中國尚無此種人物，故亦無適當名辭，姑譯爲書吏。

二 童年與教育

一六九四年十一月二十二日，一個孱弱的孩子在巴黎受洗禮，名字叫做法蘭梭阿・瑪麗・阿谷哀 (François-Marie Arouet)。後來他自己命名為服爾德 (Voltaire)。這個名字有人說是阿谷哀家某處產業的名字，又有人說是阿谷哀三字的化名穿鑿附會，莫可究詰。

服爾德的孱弱是與生俱來的；他卻把這種弱點作為武器。他從小就身心活躍，三歲的時候，他的教父夏多紐夫神甫 (L'abbé de Chateauneuf) 教他背誦拉・風丹納 (La Fontaine 1621-1695) 的寓言，與一首不可知論派 (agnostique) 攻擊一切宗教的詩，題目叫做莫伊撒特 (Moïsade)：

基督徒，巡羅人，大家都研究推敲，
有人說白，有人說黑，總是不一致。
無聊與盲信之徒，

曾經易接受最荒誕的神話。夏多紐夫對他的老友尼儂・特・朗格羅（Ninon de Lenclos 1620-1705以美貌博學聞於時，為法國史上著名女子之一。）得意地說：「他只有三歲，已能背誦莫伊撒特全詩。」服爾德跟他學會了做詩，也學了他的樣厭惡盲目的熱狂者。阿倫哀書吏的長子是冉遜派的信徒（按 Jansénisme 係十七世紀時盛行法國的舊教教派，教義大體以為人類原始罪惡深重，非得神寵永不能超拔，為極端的悲觀論。）狹隘的宗教的崇拜者。服爾德在宗教問題上所表現的激烈的情操，一部分定是由於厭惡這個不堪忍受的長兄之故。

他十歲時進耶穌會（按係基督舊教中之一派，稱 Jesuites）教士主辦的路易中學(Collège Louis le Grand)。他們用着他們的模型來教育他。他所授的科目有拉丁文，有修辭學，養成學生尊崇古典文學的心理，如史詩，悲劇，語錄之類。他們也很重視儀式，教學生嫻習上流社會的節度。法朗梭阿・瑪麗・阿魯哀和他們倒是非常相得。

像他那樣幼小而思想廣博的學生，耶穌會教士還是第一次遇見。「鯁直溫厚的」卜萊神甫（Père Porée 1675-1741 路易中學教員，最早發現服爾德之天才。）曾經感動地說「他歡喜把歐洲重大的問題放在他的小秤上秤過」。

尼儂・特・朗格羅斯像

[illegible]（Mignard）作　　　比京美術館藏

但這位中學生究竟還是孩子，難免有時要作弄他的老師。路易中學的慣例，要待小禮拜堂聖水缸裏的水結了冰方纔生火。怕冷的小阿魯哀便把院子裏的冰塊偸偸地放入聖水缸裏，這種玩意可說是他的運命的先兆。

他十二歲時已能毫不費力地寫出華麗平易的詩句，醉心學問的神甫們對於這個神童的憐愛自然可想而知。他們把他的詩作傳佈出去。其中有一首被夏多紐夫拿給尼儂·特·朗格羅看了，那位美貌的八十老人就要求把作者領來見她。神甫便依言領了他去。她問他對於冉遜派論戰的意見，覺得他頗有膽量，心思巧妙；後來她臨死的時候遺命送他一筆小款子作爲書籍費。

一個博學的名姬，一個思想自由的教士，一般耶穌會的神甫，服爾德所受的這種教育很可說明爲何他是當時完滿的代表了。人家說十七世紀是路易十四的世紀，十八世紀是服爾德的世紀。這是不錯的。在一個中產階級議論是非的時代，他便是一個議論是非的中產者；在一個宗教論爭最劇烈的時代，他便是最熟悉論爭，關心宗教而反宗教的人；在一個古典主義的時代，他便是一個古典主義者，一個前代規律的承繼人；在一個科學萌芽的時代，他雖非專門學者而確是博聞強記的愛好者與宣傳家。走出校門時他對於自己的才力已有充分的把握。父親叫他選擇一種職業，他答道：『除開文人以外，甚麼職業我都不要。』

書吏阿魯哀（他在兒子讀書的時節已經買了一個司法的缺份）原希望兒子成爲一個法律家。但一個輕視一切的青年，怎能叫他在法科學校中留得住呢？人家向他解釋法律家可有如何崇高的地位，他卻置若罔聞的答道：『告訴我的父親，說我不要買得來的尊崇，我會不費一文的自己掙取尊崇。』

先是由於夏多紐夫的提攜，不久靠着他引人入勝的思想，他從二十歲起已經爲王公貴冑的座上客。老詩人旭利禺（Chaulieu 1639—1720 教士，善作香豔綺靡的詩。）周圍盡是一派奢華放逸的空氣，服爾德就是沈溺在這種環境中。他見到龔底親王（Prince de Conti 1664-1709 法國王族後裔，代有名人。）與王陶姆公爵（Duc de Vendôme 按係亨利第四之私生子之後裔。）他替時髦女子修改詩文，在一個威武不足聰慧有餘的男子，這倒是取悅女人的一種方法。他寫了一齣題作與第伯（Oedipe 希臘神話中王子弒父娶母之故事，希臘作家以此寫成悲劇者甚夥。）的悲劇，自以爲新奇可喜因爲如古希臘人的作品一樣，其中亦有合唱（Choeurs 按係古典悲劇中之一種穿插。）少數旁人對他的讚美使他欣喜欲狂。他開始運用諷刺、知詩妙語，來養成樹立敵人的巧妙的藝術。貴族們與他結爲朋友，他亦居然和他們分庭抗禮。在用餐時他對衆人說：「我們在此都是親王呢還是詩人？」貴人的溫情與傲慢的滋味，他還不曾嘗到呢。

其實，要是夏多紐夫不當荷蘭大使不把他帶去充隨員的話，他二十歲時早就嘗到這種滋味了。年輕的阿爾良當隨員麽？因了人家的寵愛，因了自己漂亮的抒情天才，因爲能寫情詩，他居然當起隨員來了。但這個隨員是情緒豐富的，在癲狂的外貌下面卻是正經得可怕。談戀愛稍嫌脆弱，做工作倒夠結實了。隨員麽？其實更像一個教會裏的學習修士，他的宗教在本身沒有變得熱狂的以前是專門攻擊熱狂的信仰的。

三　喜劇

隨員在外國所過的生活正如希呂明一樣（按希呂明 Chérubin 爲法國著名喜劇 Mariage de Figaro 中的人物代表一班怯而已屆春情發動期的青年。）他談起戀愛來了。在海牙城裏有一位杜諾阿依哀夫人（Mme Dunoyer），是一個帶有危險性的法國新教徒，離開丈夫帶着女兒逃到荷蘭，靠着寫些誹謗文字度日。服爾德很瞧不起她，但在她家裏發見一個非常年青的女郎奧令波（Olympe），他稱之爲彭班德（Pimpette）。「是啊，親愛的彭班德，我將永永愛你。雖然最不忠實的愛人也會這樣說，但他們的愛情決非像我的那樣基於完滿的敬愛之上的。我非但愛你的人，且亦愛你的德性。」

杜諾阿依哀夫人對於這位隨員流連忘返的態度很氣惱，去告訴夏多紐夫，夏多紐夫便不准服爾德外出。他呢，白天固然守着禁令，夜裏卻又逃出去和情人私會。「親愛的彭班德，我可以爲你冒無論何種的危險，爲你這樣的人物，卽是赴湯蹈火都値得呢。」後來服爾德絕對不能出門了，他把自己的衣服送給奧介波叫她扮了男裝來看他，她居然這樣做了。

我終於見到你了，親愛的可人兒，

你扮了男裝，我以爲見到了，

喬裝愛神的維納斯(Venus)。

大使生氣了，又懼怕那無賴的當新聞記者的母親，把服爾德送回巴黎。

這一次書吏阿爵哀對他很不好了。這位父親也沒有運氣。大兒子愈來愈迷信冉遜教，虔誠苦修，倘直不近人情。小兒子放浪形骸，倘直太近人情。「我的兩個兒子都是瘋子，他說，一個是散文式的瘋子，一個是詩歌式的瘋子。」那時代做父親的可以請求政府授以禁錮或驅逐兒子之權。阿爵哀得到了這樣的一道家庭勑令。服爾德躲起來，運用他慣有的手段，以種種計策去平復父親的氣並贖取他的情婦。

他的妙計是叫耶穌會教士出來干涉，由法國的主教們去把彭班德提到法國來。「杜諾阿依哀小姐的確是一個新教徒，他說。她被一個殘酷的母親羈留在海牙，困在異端邪說的空氣裏。她只希望改信了舊教而嫁給我，要是能夠把她提得來，她定會棄絕邪道。」一路易中學的一位教授多納米納神甫(Pèro Tournomino)，是一向寵信服爾德的，把這件事情告訴勸德利哀神甫（Pèro Letellier)，亦是耶穌會教士兼王上的懺悔師。這件荒唐的案子幾乎羅織

服爾德二十四歲時像

巴黎 Carnavalet 美術館藏

成功了，幸虧夏多紐夫大使說此舉會得罪荷蘭政府而把它打銷了。於是服爾德唯有與父親講和的一法。他答應重新研究法律並跟一個檢察官去學習。但不久他又跑掉了。

一七一五年，路易十四薨逝了。他的統治的結局很悲慘，最後的幾次戰爭對法國不利。國庫空虛。似乎已經平復的冉遜教糾紛又因葛斯奈神甫 Père Quesnel 1634-1719 冉遜教派的神學家後逃奔荷蘭 的一部著作而死灰復燃，最初羅馬方面認爲是一部好書，後來人家發見是冉遜派作品而請求教皇禁止。法國重新分裂爲兩個教派，反對教皇勅令的人都一概下獄。大家爲此怨恨王上和王上的懺悔師勒德利哀。總而言之是一場大混亂。

因了這種種緣故，沒有一個人對於老皇的薨逝表示哀悼。幼君則如聖西蒙 Saint-Simon 1673-1753法國史家，以回憶錄著名。 所說的，還不到懂得哀毀的年紀。新的攝政奧萊昂大公也不是惋惜前王的人。曼德儂夫人 Mme de Maintenon 1635-1719 爲路易十四所幸，瑪麗后薨後與路易十四秘密結婚。 『被前王磨折夠了；不知道如何應付亦不知道如何替他消遣。』曼納公爵 Duc de maine 1670-1736 路易十四與蒙德明夫人之私生子。 與王室其他的私生子覬覦大位，高興得發狂似的。宮臣卿相覺得好似除去了沉重的枷鎖一般。『巴黎人在熱望自由的空氣中舒一舒氣，眼見多少人濫用的威權居然傾倒，眞是何等欣喜的事。」人民久苦於繁重的賦稅，至此不禁感謝上帝，如任何時代一樣的擬望有一種新的政體來拯救他們。老王奉安的那天，在到聖特尼aint-Denis按係教堂名法國王室陵寢所在地的路上，擺滿着鄉間小酒店。服爾德去看熱鬧，看見羣衆不是酒醉了就是快樂得醉倒了。這種景象引起他深長的思索。

在此初獲自由的時期，大家以爲甚麼話都可以說了。攻擊前代政制的文字多至不可勝計。服爾德也寫這種東西，不是他寫的人家亦以爲是他寫的。新的攝政，斐列伯·特·奧萊昂公爵(Philipe d' Orléans)並非凶狠的人。梁西蒙說「他酷愛自由，對於人家的自由和他自己的一樣尊重。他有一天對我稱讚英國是一個既無流刑亦無監禁的國家。」雖然如此，他可並未因此而不把服爾德送入巴斯蒂獄Bastille按原爲十四世紀時建築之砲壘，不久改爲監獄。重要政治犯及法國名人之因思想言論而獲罪者均曾在彼飽嘗鐵窗風味。後於一七八九年七月十四日爲革命黨人所毀。他讓他在那邊住了一年多。因爲寫了幾首惡意的詩就關到監裏，可說是很重的刑罰了。而且一個那麼活潑的青年一旦禁錮在四壁之中的時候，精神上更可激起許多關於正誼公道的感想和憤慨。我們不難想像他整天踱來踱去，一方面冷嘲熱諷的辭句變得更尖刻了，一方面幻想着英國的憲法或保障個人自由的法律。

服爾德在巴斯蒂獄中埋頭工作。他要成爲法國偉大的史詩作家。他的歌詠亨利第四的長詩，開首的一些歌辭與借題發揮指摘苛政的幾段便是在獄中寫的：

我歌頌這位英雄，

他是以武功與出身統治法國的。

禁錮了十八個月以後，服爾德終於從古礮臺中釋放出來了。過了幾天，攝政王笑容可掬的接見他，他對於這個爲了一首歌辭而幽禁了十八個月的青年，並不記下什麽仇恨。「殿下，服爾德和他說，承蒙王上供給我食糧確是非常舒服，但我懇求殿下不必再供給我住處。」

依當時的習慣，在巴斯蒂獄釋出之後，必須繼以短期的流戍。貝多納公爵（Duc de Béthune）邀請服爾德到他的舒里（Sully）宮堡中度此隱遁時期。獄中生活損害了服爾德的健康，正需要鄉間淸淨的空氣，他答應了。他在舒里很快樂，做了一個年靑的李佛萊（Mlle de Livry）小姐的情人，她立志獻身戲劇，要求他爲她寫幾部劇本。

四　悲劇

法國這時代是一個瘋狂的時代。老王的巨大的陰影消滅了，一切的約束也隨之消滅了。大家所大吵大鬧的不過爲了一些極小的事情。文人爲了荷馬問題（當時文人爭辯荷馬是否實有其人）而爭吵，教會中人爲了教皇的勅令而翻臉。不信宗教的風氣在前代已經很盛，此時愈加明目張膽。傷風敗俗的事情遍及各階級。即是攝政，也有人說他與女兒裴利公爵夫人亂倫犯姦。大家爲之哄笑。罪惡不過給人家編些歌謠來唱唱罷了。戲院常常滿座。「甚麼事情都變成詩歌作樂與說說笑笑；這與弗龍特（Fronde 按係路易十四時權貴謀亂之事）亂事時期有些相仿，去內亂不遠了。」

在此狂歌醉舞人心擕貳的巴黎，服爾德把奧第伯公演了。這齣惡劣的悲劇居然轟動一時。大家知道作者是反對政府的，在巴斯蒂坐過牢，放出來還沒有多久。大家說他的劇本是攻擊教士，甚至也是抨擊宗教的，說他描寫奧第伯亂倫的用意，只是爲暗射攝政的亂倫。民衆成羣結隊的來，竟

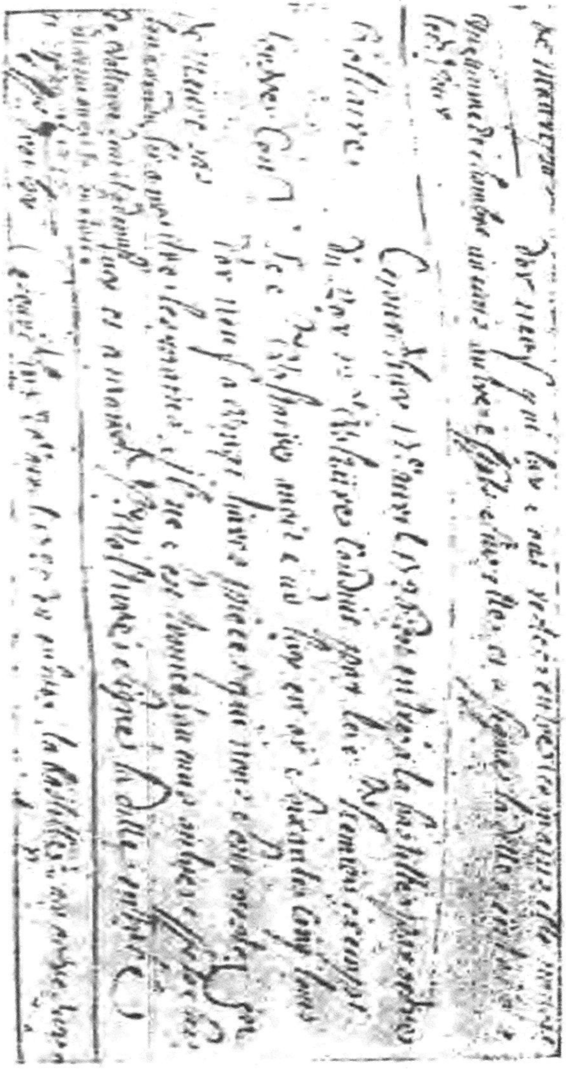

服爾德被禁巴斯蒂獄時之文件囚犯登記册之一頁

巴黎阿日那圖書館藏

沒有失望。實在奧第伯是一齣平庸的悲劇，只能算卜萊豚甫得意門生的作文，拉西納的巧妙的但非故意的做製品，然而一七一八年代巴黎人所探究的，並非丹勃 Thèbes（按奧第柏爲丹勃國王）的國王而是法國的攝政，並非故事裏的大祭師而是法國的時事。劇本中平板無聊的地方，他們倒覺得是大膽的表現。

我們只要信賴自己；用我們的眼睛賜視。

這纔是我們的祭杯，我們的啓示，我們的上帝。

兩句惡劣的詩，它的意思無疑是說實驗的科學勝於聖書的啓示。

我們的神甫絕非一個庸俗的人民所想像的那種人物。

我們的輕信造成了他全部的法術。

庸俗的民衆，因爲給王上的懺悔師、教皇的勅令、褻瀆宗教的判罪等等麻煩夠了，便不禁齊聲喝彩。青年詩人的脆弱的根據，他的「啊！上帝！」他的「哦甚麽？」他的「公正的老天！」他的「我聽到些甚麽啊？」民衆都不覺其可厭。因爲奧第伯在一個內亂時期確是一件叛亂的作品，所以大獲成功。

思想開通的攝政，也來看一看這齣風行一時的悲劇；他的女兒亦來了，服爾德竟有這種厚顏，把劇本題贈奧萊昂公爵夫人。他覺得任何大膽的事都做得出。女人們追求他；男人們恭維他；作家們妒羨他他呢，戀愛工作，攻擊或反攻別人，忙個不了。反對他的人團結起來了。有一首抨擊攝政的匿名詩，叫做裴列伯式 Philippiques按裴列伯爲攝政之名。寫得非常惡毒，人家說是服爾德的手筆。還是謠言，但如何證明呢？他的敵人們勸攝政把他重新關到巴斯蒂去，但奧萊昂公爵對於這青年已經發生興趣，所以格外開恩只把他放逐出去。服爾德在大雷雨中離開巴黎。他望着烏雲，閃電，和一切天上混亂的局而說：「天國也應讓攝政來整頓一下纔好。」

這一次他又躲到舒里去。李佛萊小姐在那裏等他。他爲她寫一部悲劇阿德米士(Artémise)以消遣他逃亡中的歲月。後來這齣戲上演的時候，「不幸的王后」竟被人家喝倒彩。服爾德突然中止了逃亡生活，躍上劇壇辯護他的戲及其主角，但反對他的人頑強得厲害。雖然很年輕，他已樹立強有力的敵人如教士台風丹納 Desfontaines 1685-1745 批評家，以反對服氏著名 在幫助他的時候成了他的敵人，約翰·巴底斯德·羅梭 Jean Baptiste Rousseau 1671-1741 抒情詩人。因爲在恭維他的說話中有所保留而成了他的敵人。每逢他的劇本初次公演，總不免大鬧一場。有一次，在主獻節前日上演他的瑪麗安納 Marianne 按係古猶太國王 Herode 之妻，王受猜疑之誘惑遂仰藥而死，常瑪麗安納舉杯的時候，池子裏一個惡作劇的人大喊道「王后仰藥了」

這樣之後，戲的結局再也無法聽到。但對於服爾德又有什麼關係呢？他自以爲背後有貴人撑腰。每次失敗之後，他總跑到舒里貝多納公爵那邊去，或是就近與萊昂 Orléans 法國西部名城。的蘇斯(Source)她方他第一個英國朋友鮑林勃洛克爵士(Millord Bolingbroke)府中，再不然投奔伏城 (Vaux) 維拉元帥夫人 (Maréchale de Villars)，她還允許他愛她呢，此外還有梅重地方的梅重院長 (Maison)。他到處吟詩，跳舞，朗誦，打諢說笑，逗引大家開心。他覺得很幸福。

這場美夢驚醒的情景是非常突兀的。有一天，在舒里公爵府中，這位青年中產者志得意滿的神氣，惱怒了一個世家的浪子，騎士洛昂・夏飽 Chevalier Rohan-Chabot 按騎士爲當時最低的爵銜，他問道：『這個和我高聲爭論的青年是什麼人？——騎士先生，服爾德答道，他是一個沒有煊赫的姓氏可是使他的姓氏煊赫的人。』騎士站起來走了，舒里公爵接着說道：『要是你能把我們的姓氏除去倒 是很 高與的。』

過了幾天，服爾德在舒里公爵府裏，忽然僕人通報說有人要在門外與他相見。他出去看見停着一輛馬車，車中有兩個人招呼他請他走到大門口去。他毫不介意的去了，等到將近的時候，他們突然把他抓住，用棍子把他痛打一頓。坐在車前的騎士，一面監視着一面嚷道：「不要打他的頭，其中會製造些好東西出來的。」圍觀的羣衆齊聲喊道：「好善心的老爺！」服爾德衣冠凌亂狼狽不堪的回進屋內要求他的貴族朋友陪他到警察署去，公爵及其朋友們哄笑一陣，拒絕了。歸根結底，不過是一個洛昂棒打一個詩人罷了。事情雖是遺憾，但還合乎體統。

服爾德往常總是精神比肉體更勇敢，但他這一次被羞辱的太厲害了，渴想報復一番。他跟着一個武術教師學技，到處揚言要和洛昂・夏鮑挑戰，臨了洛昂一家害怕起來，去干求莫勒柏（Maurepas 1701—1781 路易十五十六兩朝的大臣。）把這個易受驚嚇的平民重新下入巴斯蒂獄。所以服爾德是輸定了，他的寃枉沒有伸雪。關入牢獄裏的倒是他。實在說來，攝政時代的法國是一個快樂可愛的國家，但一個愛自由的人不容易住下。這一回，服爾德在巴斯蒂獄只就擱了幾天功夫。莫勒柏大臣也許爲了內政之故，把他放出來命他出境。

這件事故很重要，因爲服爾德的永遠反對政府是這件事情決定的。當然，他的天才也使他不得不往這方面走。現在他有熱情了。與第伯的亂倫，瑪麗安納的愛情，亨利第四的功業，甚至彭班德的女扮男裝，都是沒有熱情的題材，只能使他寫出沒有熱情的詩。社會的瘋狂與禍枉，人類的惡毒，神明的無靈，這纔能引起劇烈的情操，纔能有產生傑作的一天。

五　服爾德在英國

從巴斯蒂獄出來，他決意到英國去。這個有民選議會而不知有監禁詔令的國家，當時頗得一般哲學家的信仰。服爾德在致友人書中寫道：「在這個國家裏面，各種藝術都受尊重與酬報，社會階級的差別固然也有，但人與人間的等級是依了才德而定的。大家可有自由高尚的思想，絕對不用忌諱顧慮。」他只懂得幾句英語，但英國的駐法大使瓦波爾 (H. Walpole) 替他寫了好些介紹信。而且他在倫敦有一個有勢力的朋友，鮑林勃洛克爵士。爵士曾經愛上一個法國女子維爾德夫人 (Mme de Villette)，後來娶了她，在奧萊昂附近買了一所宮堡。服爾德即在那時認識他的，他們夫婦也聽過服爾德朗誦他詩劇亨利亞特（Henriade 按即第一章所述關於亨利第四之劇本名）的手寫稿而加以讚美。服爾德滿想靠着他們來結交英國的文人，在倫敦重新過着他愛好的社交生活。他尤其渴望安逸與思想自由，希望在不列顛的寬宏大度之下實現他的夢。

服爾德像

法國國家圖書館藏

那時法國人以爲英國不是一個信教的國家。孟德斯鳩 Montesquieu 1689-1755法國政論家與服爾德齊名。曾言：「英國絕對沒有宗教……要是有人談起，一定會受大家嗤笑。」其實只有在少數的作家與貴族集團中是如此。但英國教會比較巴黎冉遜派議會寬大確是實情。英國的教會中人「注重基督教義中合理的成分，聖經中所載的奇蹟，被認爲只是一種歷史的證據，用以證明任何時代在常識上可以接受的那種制度的。」總之，大家按照英國的傳統觀念而接受一種折衷辦法；一個人可以信仰宗教而不至於熱狂，或可以做哲學家而不至過事抨擊。卽是不信英國國教的人也並不如何激烈。「朋友會 按原文爲Quakers爲流行英美兩地的一種教派，亦稱朋友會。取着鎮靜的態度，按步就班的發展開去。」直到後來韋斯萊 Wesley 1703-1791英國新教神學家。時代，宗教纔重新成爲一種感情的力量，以後受到法國大革命影響時，宗教更變成英國政治上的保守勢力。

服爾德到倫敦時，沒有遇到鮑林勃洛克爵士。他在他居英國時，爵士一直認爲「他的廢話」有些可疑，並且疑心他是法國宮廷的奸細。可是這位詩人被一個姓法格奈（Falkener）的商人招待到離倫敦十里的梵茲華斯地方，他在那邊住下，一七三三年時把他的悲劇查伊（Laïre）題贈給他：『獻給英國商人法格奈先生——親愛的朋友，你是英國人，我是法國人，但愛好藝術的人都是同胞……所以我把這部悲劇題贈給你，有如我題贈給同國的文人或知己的友人一樣……同時我能夠很高興的告訴我的國人，你們用何種目光看待商人，在英國，對於光耀國家的職業，大家知道尊重。』把一部悲劇題贈商人還是破天荒第一遭，確是非常大膽的舉動。

服爾德旅居倫敦的情況，我們不大詳細。只知道他的通信處是鮑林勃洛克家，他在鄉間彼得鮑羅爵士 Peterborough 1658-1735 英國將軍兼大政治家 家住得很久，據說是和史維夫脫 Swift 1667-1735 英國大小說家 一起住了三個月。因法格奈的關係，他見到了商人的社會；他們的聲勢，在國會中的權力，教服爾德嘆羨不置，這種情形很滿足中產者的自尊心。和他們作伴的結果，使他對於商業大感興趣，且也頗有成就。他第一次的經營是在英國發售亨利亞特四開精裝本的預約。他寫信給史維夫脫說：『我能不能請求你，運用你在愛爾蘭的信譽，替我介紹幾個亨利亞特的預約者，它完成已久，只因乏人贊助而迄未出版。預約只須先付一奇奈 Guinea 英國貨幣名，值二十一先令。』這次的買賣大獲成功，預約全數售完。

服爾德在鮑林勃洛克那裏結識了一般傾向共和的保守派，他們組織一個『民主保守黨』

卽後來狄斯拉哀利 Disraeli 英國維多利亞朝大政治家 所復興的。他又遇到當時英國最大的作家。史維夫脫與服爾德天生是互相諒解互相欽佩的。哥利佛遊記（Voyages de Gulliver）剛剛出版（一七二六年）。服爾德自告奮勇要把它譯成法文：「這是英國的拉勃萊 Rabelais 1483?-1553 法國大文學家以諷刺著。 但他沒有拉勃萊的曖晦；以奇特的想像而論，以作風的輕靈而論，卽算它不是諷刺人類的作品，這部書的本身也已饒有趣味了。」

服爾德亦見到蒲柏 Pope 1688-1744 英國詩人。 康葛利佛 Congreve 1670-1729 英國詩人，喜劇作家。 與甘 Gay 1688-1732 英國詩人兼童話作家。 康葛利佛是十足道地的英國文人，不願服爾德稱他詩人，自言只是一個簡單的紳士(gentleman)。於是服爾德答道：「假使你只是一個簡單的紳士，我也不來拜訪你了。」甘把乞丐的歌劇在上演之前給他看。他常到虹酒店去，尤其常去觀劇，所以他比當時大多數的法國人更熟悉莎士比亞的作品。朋友會和非教徒的集會他也歡喜參加。相傳他有一天在街上因爲群衆討厭他的外國服裝而叱逐他，他站在櫈上和他們說：「英國的好漢們，我不生爲英國人不是已夠可憐了嗎?」這樣一說，叱罵他的人齊聲叫好，把他擡在肩上送回住處。

他自然利用留英的時期遍讀英國哲學家的書，尤其是陸克Locke 1632-1704英國大哲學家的著作。一七二七年，他目睹牛頓Newton 1642-1727英國物理學家、數學家、天文家。的葬禮，國家對於科學天才所表示的隆重的敬禮使他非常驚異。遺骸在火炬通明的靈牀上擡到威斯敏士特大寺，後面是大隊送喪的行列，首相和大臣都在內。這種與禮和巴斯蒂獄及貴人的棍棒比較起來，確是很強烈的對照呢。

過後，他的熱情稍稍低減了：「我年輕時以爲牛頓的幸運是他崇高的功業造成的。我以爲朝廷與倫敦城是爲表彰他起計纔授予他大勳位。哪知全然不對。牛頓有一個可愛的姪女，叫做康特伊脫夫人（Mrs. Conduit）。財政大臣哈利法克斯（Halifax）很疼她。沒有一個美貌的姪女時，什麼微積分什麼地心吸力，都是不値一文的……」

他離開英國的日期與動機無從查考，只知他於一七二九年初已經在法國了。最初他躲在聖・日耳曼地方一個假髮匠家裏，他寫信給莫勒柏大臣，要求回到巴黎。

六　成功與虐害

服爾德回來時所見的巴黎，和他走的時候一樣黨派紛歧。「大家談論的無非是羅馬啊，開除教籍啊，冉遜教派啊，耶穌會派啊，教皇的勅令啊，驅逐出境或監禁啊等等。主教們在安勃命（En-brun 法國東南部。）開會發出了二萬道監禁狀。」凡在教義上與大臣們見解不同的人，似乎天然應當下之於獄，即是聖西蒙也勸攝政把耶穌會派的拉勒芒，杜生，多納米納監禁起來，「把後者關在樊山納（Vincen-nes 巴黎近郊亦有古砲壘改成之監獄，）筆墨紙張一概不許給他，也不准他和任何人交談，可是應當讓他好吃好睡，因為他是世家出身；其餘兩人則關入別的監獄中的地牢裏，用地牢的待遇，不給外人知道他們幽禁何處，讓他們死去就是。」

文人們也互相排擠，「因為一個有思想的人認為韻文並不即是悲劇的特質。」服爾德回國後的第一次動靜都是印行一本小册子，題作雙方的忠蠢。他在書中說明這些爭辯的無謂，述及久已遺忘的中世紀的論戰，預言冉遜派和耶穌會派將來也一樣的被人遺忘。「一個老神學博士和我說：「先生，在我年輕的時候，我寫過文章反對教皇與教廷法令；我因此下獄而我自以爲是殉道者。此刻我一切不預聞了，我覺得自己安分守理。——那麽你現在做些什麽呢？我問他。——先生，他答道，我很愛金錢。」原來人類老年時會如此嗤笑青年時的熱情；行爲也會和人一起老的。」

服爾德自己呢，雖然還年輕，已經愛金錢了。他在英國時懂得財富可以保障個人的獨立自由。他回到法國的辰光結識了兩個大金融家，巴里斯（Paris）兄弟。他們勸他把書吏阿魯哀的遺產做些投資事業。他便投資一部分於供應軍隊食糧的生意，據他的書記說他賺到六十餘萬；又投資另一部分於加第克斯 Cadix 西班牙城名。的商業和對美洲商的船隻方面。他運氣很好，那些船隻居然從沒被軍艦查抄。他又中了獎券，不久他的財富竟增加到一個詩人從未有過的地步。「他的皮包中裝滿着合同、匯票、期票、國家的債券。要在一個文人的皮包中尋到這麽多的這類文件當然是不容易的。」

毆辱與逃亡並未打斷他交接貴人的興趣。他那樣的愛人生，要遍嘗人生種種方式的樂趣。不久之後，他在一首題作浮華的詩中描寫生的幸福與肉慾的嗜好，兩者是他當時主要的情操：

一切的味道同時進入我的心坎。

一切藝術得我崇拜，一切享樂把我煽惑。

科學，歷史，歌劇，晚宴，詩歌，明智，他甚麼都愛，甚麼都渴望。戲劇尤其使他如醉如狂。他從英國獲到這種藝術的新概念，很想在法國舞臺上應用一次。並非說他投降了莎士比亞；他是十八世紀式的典型的法國人，不能全部接受莎士比亞的。但「在那麼多的重大的缺點」中間，他也窺見妙處。在不損害三一律（按係古典戲劇上之原則。）的範圍之內，能不能在法國創造行動較為激刺的悲劇？能不能把敍述文體中的這些行動搬上舞臺（好大膽？）他回來之後，立刻於一七三〇年用政治題材試作一部悲劇勃羅多斯（Brutus 按係羅馬帝國時代的執政。）排演的時候他照常很熱心，對着扮演勃羅多斯的主角嚷道：「喂！先生，你常記得你是勃羅多斯，是一切羅馬執政中意志最強的一個，對戰神說話也不該像說「啊，我的好聖母，賞我在獎券上得一百法郎的獎罷」那種話的樣子。」

勃羅多斯出演的成績很好。兩年之後，查伊又大獲成功，像服爾德一切的劇作一樣，這是少許的大膽與多壯的諧慎的混合物。他在結構劇情的轉紐時，曾想起沙士比亞的奧丹羅（Othello），只是換了一個背景變成法國的武士與耶路撒冷的帝王能了。在服爾德導演之下的演員的劇烈的動作，在當時是前所未見的，劇本的成功，一半也因此故。無疑的，我們看來覺得很冷靜的東西，那時的羣衆已感到浪漫主義的遙遠的最初的音響了。

同時代，服爾德印行一部查理十二史，大受讀者的歡迎。羣衆因爲他沒有被選入學士院而憤慨。但如果王室與大臣們讓他安安靜靜的不去麻煩他，也許他終生只是一個時髦的戲劇作家罷了。

七 哲學書信

一七三一年時，他又要逃亡了。亞特里安・勒哥佛樂 Adrienne Lecouvrenr 1692-1730 死了；這是服爾德賞識的一個名女優。然而教會是不准優伶葬在教徒塚上的。人們只能把勒哥佛樂小姐埋在塞納河邊的一片荒地上。服爾德憤慨之餘，在送喪過後出來抗議了：

啊，難道我的國家永遠沒有確定的志願，
永遠要貶辱她所欽佩的人？
我們的風俗永遠和我們的法律牴觸。
難道意志不定的法國人長此就於迷信？
甚麼？難道人們只有在英國纔敢自由思想？
噢倫敦！你這可以媲美雅典的名城，你這塵世的樂園，

LA JUSTICE DIVINE

神聖的正誼

（銅版畫）

按此畫作者不明，疑係服氏著作中之插圖。法國國家圖書館藏

你會掃除引起糾紛的褊見，好似驅逐專制的魔王一般。
在此大家纔無話不談，無功不賞；
沒有一種藝術會受輕蔑，沒有一項成功不獲光榮，
崇高的特列郎（按係英國詩人）明哲的阿狄生（按係英國大批評家）
還有那不朽的牛頓，紀念堂中都有他們的分，
要是勒哥佛爾生在倫敦，一定也會，
在哲人賢士英雄明主之旁有她的墓墳。

『這篇追悼女演員的頌詩，被認爲大不敬。』服爾德逃了，躲在諾爾曼地 Normandie（按係法國北部之總地名。）不久他在羅昂 Rouen（北部名城。）又秘密刊印論列英國人的哲學書信。這是一部奇特的書，風格雖很輕巧，影響卻極重大。我們不能說它寫得如何深刻，材料如何豐富，但作者確達到了預定的目的，即是教法國人知道一些素來隔膜的英國情形，讓他們想一想自己的缺點與制度，改變一下宗教與政治思想。

先是五封敍述教派的信：朋友會，長老會，唯一會（按係Socinus僧正所創，否認三位一體之說，）英國教會，阿利安會（按係高僧Arius所創。）這是服爾德最得意的題材，原因是很易明白的。的指出宗教信仰的紛歧，卽是證明每種信仰都有缺陷。而且，凡是他自己說來易有危險的主張，可以借書中的人物來辯護。「親愛的先生，他和朋友會派的人說，你有沒有受過洗禮？——不，他答道，我的同道們也絕對不受洗禮。——甚麼，該死的！難道你不是基督徒？——朋友，他柔聲答道，不要發誓，我們確是基督徒，但我們不信基督教義在於灑些鹽和水在頭上。——噯！上帝，我被他這種不敬的態度氣壞了，你難道忘記耶穌基督亦是由聖·約翰給他行洗禮的麼？——朋友，再說一遍不要發誓。基督受着約翰的洗禮，但他從未爲別人行洗禮；我們是基督的信徒，可不是約翰的信徒啊。——啊！我喊道，你眞該被異教裁判所的火活活焚死！」

宗教問題之後是政治問題：有兩封信是關於英國議會與政府的。下議院的勢力與若干特權的廢止使中產者的阿魯哀很高興。「這些情形使一個英國商人敢於自傲，也敢與羅馬公民相比。所以卽是貴族的子弟也不看輕經商的……」

接着是可稱爲通俗化的書信，一封是敍述陸克哲學的，服爾德借此機會第一次發表他自己的主義。他信上帝但不信除了上帝的存在和創造世界以外我們還能知道關於上帝的別的事情。他相信靈魂不死，因爲爲社會的福利是必需的，但他在自然中找不到靈魂不死的痕跡，所以他讚美陸克那種謙虛的說法：『一件純粹物質的本體倒底有沒有思想，也許我們永遠不能知道。』

以後幾封信是關於牛頓、地心吸力、光學等等的。一切都表露作者的好奇心及其廣博的學識。最後一部分是幾封論列悲劇與喜劇的信。他對法國人提起莎士比亞時說：『他在英國人心目中無異蘇福格勒復生sophocle 按係古代希臘戲劇作家……天才橫溢，元氣充盈，無矯揉造作之態，極崇高壯麗之至，至於典雅的風趣，嚴正的規律，則彼一無所知。』服爾德一方面儘管批評莎士比亞不知規律，一方面亦指責人家不該單把莎翁的缺點介紹給法國人，故他想自己動手把莎翁最精采的篇幅譯成法文詩。他選了哈姆雷德『To be or not to be』那段獨白。

（譯者按，本節原文在哈姆雷德劇中第三幕第一場，服氏譯文既與原文大有出入，本書譯者又拙於此道，故擬爲略去。）

他的譯文雖不忠實，他的詮釋倒頗有深意：「迄今爲止，英國的詩歌天才有如一株大自然所種植的叢樹，它隨便長出千千萬萬縱橫的枝幹，盡力生長，可決不是平均的發展。要是你逆了它的本性，強把它修翦成花園中的樹木一般，那它定會枯死的。」

書一出版，警察局立刻加以追究。書商下了巴斯蒂獄，服爾德一直逃到洛爾納 Lorraine（按係法國東北部與德接壤之行省，彼時爲一獨立小邦詳見後，）哲學書信被法院列爲禁書，「堆在王宮前面大石梯下焚燬，因爲它違反宗教，妨害善良風俗，不敬權威。」這條禁令於一七三四年六月十日執行。

這正如解釋因斯坦的理論或蘇維埃的憲法或比朗台羅 Pirandello（現代意大利作家）的戲劇的書，在美洲要被劊子手焚燬一樣。

八　至高至上的愛彌麗

要是一個女子愛了一個名人，她的私情可以永垂不朽：夏德萊夫人 Mme du Châtelet 1706-1746 母家姓 Breteuil 名愛彌麗 Emilie。便是斯著的例子。她未嫁時稱勃勒端伊小姐，如當時多數的女子一樣是很博學的。她懂得拉丁文，歡喜科學。她研究過數學，譯過牛頓的定律，還附以代數的表解。她如服爾德所說的在「風流自賞之外兼有哲學家的氣息，」她又寫過一部幸福論。但如果她不是服爾德的情婦的話，這些著作早已湮沒無聞了。

兩人相遇時，她二十七歲，他三十九歲。旅居英國的印象在他還很新鮮，一天到晚「陸克先生」「牛頓爵士」的挂在口邊。而這正是夏德萊夫人在愛情（關於這一點她的丈夫難得關心）以外所最感興趣的。她又有智識，又很肉感，兩者可說是可喜的混合。書籍、鑽飾、代數、時裝、物理，她都喜歡。當時的女人說她生得很醜，台方夫人 Mme du Deffand 1697-1780 法國十八世紀名媛之一 刻薄的形容是有名的，說她「高

服爾德的情婦　夏德萊夫人像

法國國家圖書館藏

大的個子毫無韵致，沒有腰身，胸部狹窄，肩膀粗大，兩腿肥胖，雙足奇偉……』克萊基夫人 Mme de Créqui 1714-1803 的描寫是：『我的表姊愛彌麗是一個樣樣都大得可觀的巨人，精強力壯異乎尋常，不成體統至矣盡矣。她的皮膚之粗劣有如豆蔻鑤牀一般。』但講到一個聰慧博學受人欽崇，會征服當代最大的名士的女子時，我們可以相信女人們的說話麼？

她和服爾德訂交的時候，正當他需要安全退隱的際會。一般的虐待陷害已經成了習慣。陷害這位詩人又成了朝臣與司法界的習慣。巴黎主教檳底米勒 Vintimille 1652-1746 是『一個愛女人而不愛哲學家的人，』向警察總監告發一部致于拉尼書。大家又講起一首關於奧萊昂童貞女（按原意係指聖女貞德）的史詩，據說是影射某件醜事的。司法大臣通知作者，威嚇他說『如果敢把那首詩印出來，定要把他活埋在地牢裏。』一個人只有做使徒的意願而沒有做殉道者的決心是很為難的。服爾德期望能自由思想但不期與在巴斯蒂獄過活。夏德萊夫人邀請他躲到她的西雷宮堡去，那邊與洛蘭納的邊界相距不遠，一旦有事很易溜走。他接受了，從此和她在親密的交誼中過了十四年。

這麼悠久的交情並非毫無風波。在躁急的服爾德與性如烈火的夏德萊夫人中間，時常有火星迸發。兩個人免不了大吽大嚷，騷亂一陣，在賓客前面用英語來互相咒罵。但這對活動的人並不記恨。在西雷有一所實驗室，一所化學室，都由服爾德出資請夏德萊先生建造的。夏德萊夫人與服爾德在白天是分居兩處的，或是做實驗或是寫文章。他們參與科學院關於「火的性質」的懸賞競賽，卻互相瞞着不使對方知道。夏德萊夫人繕寫報告書時，興奮到要把雙手浸在冷水裏幾小時纔能鎮靜下來。服爾德寫着牛頓哲學的原理。數學家如格勒盧 (Clairault)，莫班多伊 (Maupertuis) 等來訪問他們這對業餘同志。議長哀諾 (Hénault 1685-1770 法國史學家，詩人。) 路過西雷時發見一個僧侶一個大幾何學家住在那裏。他對於這座樸實優美的建築擺滿着器械的工作室，埋頭用功的生活，嘖賞不已。

在鄰邦呂納維爾 (Luneville) 的宮廷中也有客人來訪問他們。葛拉斐尼夫人為了某種不快意的事情到西雷小住。接待她的除了「地方上的水神」至高至上的愛彌麗(divine Emilie)以外，還有那稱為「偶像」的服爾德，手裏拿着一座小燭臺。和他們同住的有「大貓」香鮑娜夫人 (Mme de champbonin) 和難得在家的「好好先生」夏德萊侯爵，他是一個不歡喜數學但很幽密識趣的人。一天的生活是非常充實的。夏德萊夫人與「偶像」要到晚餐時纔出現，白天是在實驗室裏而對着地球儀或別的器械。晚上，他們談着詩歌，科學、藝術，一切都用閒談的口氣，唯有提起服爾德的敵人（羅梭或台風丹納）時，他纔失去了節度，咀咒謾駡，無所不至。除開這項缺點而外，他是挺可愛的，在客人面前朗誦悲劇，或是替信或是路易十四史的開端，或是甚麼研究科學的文字，或是敘述中國人亞拉伯人的故事。

他對一切都感興趣，他說：「我願牛頓也會寫些通俗喜劇，如果眞是這樣，我將更加敬重他：……一個人應當使他的精神有一切可能的形式；這是上帝賦與我們的靈火，應當把最寶貴的食料滋養它。只要是意想得到的形態，都應設法灌入我們的內心，並且使它接受任何學問任何情操。在我們的心靈中，一切都有地位，只要整飭有序。」此外他又說：「我老實告訴你，我很想一生之中追逐一次文藝女神而獲得成功。九個文藝之神我都愛慕，而且應當都有偉大的收穫，只要不流於輕狂不玩弄藝術。」

葛拉斐尼夫人的通信中曾述及這對奇怪的情侶的私生活：「夫人是專制的，服爾德是愛反抗的，要是關於衣服罷，她要他更換，他推說要受涼。她堅持着。於是言語之間齟齬了。服爾德走了，叫僕役進來通知說他腹痛。這便是他們古怪的把戲。」兩人爭吵，咕嚕，又重新講和。吵架的人會而了，用英語互相講些慰耕的溫柔話。服爾德重復入席用膳，囑咐僕人格外小心侍候夫人。吃完晚飯，如果他高興的話，他親自放映幻燈。他眞是巧妙非凡，把台風丹納，羅梭，耶穌會教士們一齊牽涉進去。他忙亂得把酒精燈打翻，手也燒痛了。但他鼓起興致，提議做傀儡戲，演一齣悲劇或喜劇。他把一二十張手寫稿分配衆人，大家不得不一目十行的拚命念下去。他強迫人家擔任劇中的角色，定要令人忙得做一團。葛拉尼夫人曾經計算過，在二十四小時內，西雷府中排演了三十三場戲。「嗳時間眞短啊！」

九　路易十四與弗萊特烈克二世

在西雷幽靜的歲月中，服爾德寫了不少東西，做了一番廣博的考據功夫。他當時在這些工作中獲得最大光榮的部分，並非最好的部分。例如用韵文寫成歌詠人類的文字，比起英國詩人蒲柏的作品是遜色多了，還有那些書翰，雖然可愛，卻沒有令人驚嘆之作（最有意思的倒是他隨隨便便的通信，）至於費解的悲劇，如阿爾齊（Alzire），摩罕默德等都有哲學意味與教訓口吻，「其價值全在於弦外之音。」在一七四〇年代人士的心目中，服爾德的真面目是這樣的一個詩人。只要他談起科學——像他關於牛頓的書——的時候，學者們就要抗議。等他印行一部歷史時，據費陶賽說「他大受史學家們的指摘，說它只是一部小說，因爲它富有小說的趣味。」可憐的作者不僅把作品弄得艱澀沉悶，人家怎肯承認他是嚴肅的學者呢？

他對於歷史是終生感到興趣的，而且如果我們把在他以前的史學著作仔細評估一番的話，

普魯士王弗萊特烈克二世

Antoine Pesne繪

他的確在這方面增加了相當的準確性。那時的史學家但尼哀 Daniel 1649-1728 在王家藏書室裏只須一小時的功夫便把一千二百部的手鈔本和原稿瀏覽完了，自言他的考據工作已經做得非常圓滿。服爾德卻精密多了，他博覽羣書，推究根原，參證旁籍。他認爲歷史不應當祇記載帝王的生活與功業，且應撰述民族的嬗變與乎風俗文藝的進化。他在提及弗洛利神甫 l'abbé de Fleury 1640-1723 法國史學家。的作品時說：「這並非一部歷史，而是好幾部歷史。」他寓居西雷的時期，他的世界史式的風俗論 (Essai sur les Moeurs) 與其中最重要的路易十四時代 (le Siècle de Louis xiv)，即使沒有完成，至少已經寫了一大半。後來他被命爲王家史官時又寫了一部路易十五。

關於風俗論的批評，可說是毀譽參半。服爾德首先懂得把亞拉伯文化，中國文化，與素來犯禁的比較宗教研究在歷史中占一地位。但書中錯誤的地方亦屬不少，有些是難於寬恕的，有些是無可避免的，因爲那時的眞際在那時還未大白。孟德斯鳩說服爾德寫作歷史的用意是顯耀他自己的宗派，有如一切本多派教士 Bénédictins 按係基督舊教中之一派 一樣；這句話是不錯的。他在風俗論中隨處宣傳他非宗教的宗教。他固定的概念是（一）證明鮑舒哀 Bossuet 1627-1704 法國主教，以善作宣教演說著名。以上帝的意志解釋世界的歷史是錯誤的。服爾德認爲歷史不當用原始緣由解釋，而當用許多小原因的盲目的遊戲來說明；(二)表明人類的歷史是罪惡與苦難的連續，但不久可由理智來澄清混亂的局面；(三)否認一切超自然(surnaturel)，在這一點上，服爾德的標準似乎沒有把握了。他以爲一切不近事實的都是假的，可惜近乎事實的範圍並無十分確定的界限。

以史學家而論，服爾德最大的缺點是因爲他是一個理智本位的哲學家，故不瞭解別一等人物的感情的與神秘的需要。無數的教派禮俗自有其共同的原因，這原因便是民衆有此禮俗的需要，然而服爾德見不及此。可怪的是服爾德在論列家庭、愛情、友誼的時候，倒很能分析人類共同的秉賦。「服爾德很明白帝王並非國家，外交家的會議不能令人知道一個店主的習慣或一個鄉人的憤懣不平，但他不大明白甲地的店主異於乙地的店主，十字軍時代的鄉人和路易十五治下的農夫不是爲了同樣的原因而反叛的。」（引用裴爾索語）但在路易十四時代中毫無上述的缺點。那是一個他熟悉而目睹其中的演員的時代。在此，他確是近代大史家中的第一人。

在西冨時期中，服爾德贏得了普魯士太子弗萊特烈克（Frédéric）的友誼，在他遭受法國宮廷仇視的情景中這於他確是一種安慰。

弗萊特烈克是被一般亡命的法國人教養起來的。他渴想在法文方面能夠成爲一個大詩人大散文家。這也並非妄想，因爲他法文寫得很好，且也不乏性靈，可是他知道他的文字還不免錯誤，以致弄壞了他的詩。服爾德既是一個多方面的才人，當時最好的史詩詩人，悲劇詩人、同時又是最高明的書翰家與最優秀的史學家，那麼他的獲得弗萊特烈克的崇拜自是當然的了。

一七三六年某日，服爾德接到一封信，內而寫着：『先生，——雖然我還未拜識你，可是我從你的作品上早已認識你了。你的大作可說是精神的財寶。』此後兩人即有書信往還，語氣非常慇懃親切。『不要以爲年輕的弗萊特烈克寫道，我的懷疑主義會逃用到極端的地步。例如我仍舊相信世上只有一個上帝只有一個服爾德。』服爾德在覆信中說這位德國太子的法文詩『寫得很好，很美，品格極高。』他以後提及這段通信時又說：『詞藻對於我們全無用處。』

一七四〇年，弗萊特烈克即了王位。哲學家想起歐洲王座上有一個『開明的』太子，自稱爲服爾德的朋友，或者會把他們的箴言見諸事實，不禁神馳嚮往。這位新君頗想把他的宗師羅致到宮裏去，但夏德萊夫人是一件重大的障礙物。她一定不肯放服爾德走；而帶她同到卜絲頓宮（Potsdam 柏林郊外的王宮）又是絕對做不到的；因爲弗萊特烈克不歡喜異族的身材高大的女子。

可是他熱望一見服爾德，在比利時佈置初次的會晤。當服爾德看見坐在行軍牀上穿着戎裝的青年君王時，不禁大爲訝異。歐洲人士立郎明白在登極以前寫過一本『反瑪希阿凡』的著的人（按Machiavel 1469-1527意大利政治家，以陰險詭譎著名，）將是全歐帝王中最瑪希阿凡式最奸雄的一個。一七四一年時，他已征略奧國。那時奧國是法國的世仇，法國人對於弗萊特烈克的成功一致喝彩叫好，且他使用法國的文人爲之歌功頌德，故他在法國愈加聲勢顯赫。服爾德正在里爾城（Lille 按係今法國北部名城）上演在巴黎不敢上演的穆罕默德，忽然接到普魯士王在莫維玆（Molwitz）地方大捷的信息。於是他在包廂裏站起來手裏拿着信，要求大家靜聽他的報告，說他方纔接到普魯士王陛下的捷報，原文是幾句法文詩：

我們在此活動輕巧的城中，

禁不起風的搖撼，
那麼微小的建築物。

這是說：「我在營帳裏寫信。」當他念完之後，里爾的民衆熱烈鼓掌。

服爾德一時認爲他可以利用這段王室的交誼來當政治家與外交家了，這原是他多年想望的。一七四三年，法國宮廷急欲知道能否藉弗萊特烈克二世之助以攻擊英奧二國。有一位大臣想任用服爾德，叫他負着秘密的使命去卜茲頓。他瞞着弗萊特烈克，假裝說他因爲諷刺彌勒保亞(Mirepoix)主教之故，不得不逃亡國外。

但弗萊特烈克何等精明，決不會中這種詭計。他把服爾德款待得很好，爲他舉行音樂會，把他介紹給公主們，他亦替她們寫了好些歌曲，一方面，弗萊特烈克卻把服爾德攻擊彌勒保亞主教的信寄去。這條妙計可有兩種作用：或者是彌勒保亞盛怒之下訴諸法國宮廷，使服爾德重新逃亡，不得不留在普魯士，在這種情境中普王可以獲到一個天才秘書爲他修改詩文；或者是彌勒保亞毫無動靜，那便證明服爾德的謊騙。

當然，後一種推測是對的。服爾德把一本手册送呈弗萊特烈克請他把答話寫在書上的空白裏，當這本手册遞給他時，他發見寫的一首歌辭。他詢問普王能否助法抗英，弗萊特烈克答道：

你要我像一個機關佈景中的上帝，

幫你解決困難，

但請審視我的面貌，

我還不夠兇惡。

於是，普魯士王的詩便是詩人大使的全部成績了。

十　得寵與失寵

服爾德在法國宮廷中一直被認爲難於容忍的危險人物，到五十歲上突然得寵起來，變了近臣。這種幸運的轉變有許多原因：因他在對德交涉中成了要人；他路易中學時代的同學，哲學家阿揚松 Argenson 1694-1757 路易十五之情婦，對於法國內政外交皆有重大影響。做了大臣（他因爲誠實而被朝臣笑爲『蠢貨』）；他的知友蹇巴杜夫人 Mme de Pompadour 1721-1764 爲路易十五所幸，加上服爾德自己的熱衷。他如所有的男子一樣，已經到了一個張皇着急的時期，眼見衰老將臨，只怕自己的聲威有減削之虞。他們期望固守已得的成績，從此撐些光榮來支撐場面。

服爾德的曼洛帕 Mélope 服氏著名悲劇之一 在劇壇上獲得非常的成功。全體的觀衆站着喝采，對年青的維拉夫人喊道：『維拉夫人，擁抱服爾德！』這種民間的光榮於他還嫌不夠，他要頭銜，他覺到手了。他被任爲皆通侍從兼王家史官。他可以直入大內的祕庫檢閱擋案，準備描寫路易十五的戰績。他

按此圖疑係服爾德時事評論中之圖刻畫指一七七二年俄普奧三國第一次瓜分波蘭事

君王們的點心（瓜分波蘭）

自左至右：俄凱塞琳女皇，德意志母后瑪麗、丹鬪士，德意志皇帝約瑟二世，普魯士王弗萊特烈克二世

法國私家圖書館藏

對於這史官的職務很有興味。

從前在大主教弗祿利 Floury 1653-1743 路易十五之首相，學士院會員。逝死時，他就想進學士院。『狂熱的信徒們』阻撓他不得成功。他設法平息他們的怒氣，寫信給拉都神甫 (Père de la Tour)『聲明他尊重宗教，始終擁護耶穌會派。』龔陶賽曾言：『雖然他在這封信裏措辭很巧妙，實在還是放棄進學士院的念頭，不寫這封信的好。』末了，終於由蓬巴杜夫人的力量他獲得寫一篇慶祝王妹大婚的雜劇的差使，作爲進學士院的代價。

我的亨利四世，我的查伊，
還有我的阿爾齊，
都從未博得君王的青睞。
我仇敵衆多榮譽很少。
終於一篇無聊的雜劇，
替我贏得了光榮與財富。

狂熱的信徒們還指摘他的摩罕默德。他便把劇本寄給教皇本多十四(Benoit XIV)，那是一個開明的有理性的人物，覆信說摩罕默德是一部「很美的悲劇，」他讀後「非常欣喜。」這樣之後，學士院無話可說，只得任命他爲會員了。

然而高官厚祿並不予服爾德以幸福。君王的寵信是活動易變的，他的憎厭之心卻是不容易變的。路易十五從未歡喜服爾德。他是一個頗有思想的人，自然懼怕別人的思想，在許多官臣冒冒失失地敬重一般哲學家的時候，他已覺得哲學家是他的王位的大敵。服爾德在光榮的廟堂(Temple de la Gloire)一劇中故意把路易十五比擬德拉揚；Trajan 按係古代羅馬皇帝。正當那齣戲在凡爾賽宮上演的辰光，服爾德與御座的包廂離得很近，在將要終了時他走近去向王上說：「德拉揚快樂麼？」路易十五轉身直望着他一言不發。這等親暱的舉動使他大爲不快。

事情還有更嚴重的呢。有一天服爾德和夏德萊夫人在一處賭博，夏德萊夫人輸了很多，服爾德用英語輕輕地和她說，和她賭博的都是些壞蛋，她應當趕快走開。於是兩個老相好熱烈爭吵起來，說了許多使在場的人難堪的話；因爲他們如多數的法國人一樣，以爲用外國語談話是無人懂得的。但不久他們從大家的騷動與談吐之間知道有人在留心諦聽他們。他們立刻着了慌。服爾德想起巴斯蒂獄。夏德萊夫人想像與她的『偶像』隔離後的苦況。到了夜裏他們套着車子一直逃到巴黎郊外的蘇（Sceaux）城曼納公爵夫人家裏。

這個『在野的爵府』（原文 Cour d opposition 係指與朝廷對立的意思詳見下文）確是逃亡者托足的地方。曼德公爵是路易十四與蒙德彭夫人的私生子，娶了龔台親王（Prince de Condé）的孫女，她生得很矮，但『很有魄力，很專橫，而且很古怪。』她曾慫恿她膽怯的丈夫覬覦大位，在路易十四薨逝時呼聲頗高，老王在遺囑中也的確很想周全他們。但因爲王室的反感終於不得上臺。

失敗之後，公爵夫人在蘇城府邸中招致文人哲士，造成一個小朝廷的模樣聊以自慰。她學問淹博，談吐溫雅，與門下的食客吟詩唱和。這樣，她過了一番南面之王的癮。史太・特洛奈夫人（Mme de Staal De Launay 1684-1750）描寫服爾德與夏德萊夫人突然來到府中的情景，說：『他們在半夜時分出現，好似幽靈一般，身上發出一股防腐屍身上的氣味，彷彿是從墳墓裏帶出來的。大家已經用過晚餐。但來客是兩個餓鬼，要替他們端正飯食與牀鋪。』

這兩個客人眞不容易款待，他們在晚上十時以前是不露面的，因爲白天一個要寫一章歷史，一個要詮釋牛頓的理論。夏德萊夫人一些聲響都忍不住，儘是更換住處。『她那時正在檢閱她的原則。這是她一年一度必做的工作，否則那些原則會統統溜走，使她無從尋找。』

服爾德，因爲害怕巴斯蒂獄之故，住在一所隱僻的屋子裏，只有晚上纔下來和曼納公爵夫人在她寢室裏一同用餐。『公爵夫人非常歡喜與他相見，與他談話。他的滔滔不竭的議論使她很高興，她呢，也有許多從前宮中的軼事講給他聽。有時，他在飯後念一篇故事或小說，是他在白天特地寫來給她消遣的。巴蒲克的幻象 (La Vision de Babouc)，默農 (Memnon)，斯格芒太陶 (Scarmentado)，米克洛曼伽 (Micromégas)，查第葛 (Zadig) 等便是在這種情景中一天一天寫成的。

這些小型的哲學小說，都是爲證明一部分道德眞諦而幻想出來的，作風很輕快靈動。曼納公爵夫人酷愛這些作品，以致大家要求服爾德高聲朗誦公諸同好。他朗誦時眞像一個名演員，大受聽衆的歡迎，甚至要他把這些小說付印。但他再三拒絕，說這種小玩意兒是不值得出版的，

曼納公爵夫人像

Comaire繪　　國家圖書館藏

風聲又緊急起來了，他決意重返西雷。那時正是冬天。「黑夜裏在荒野中斷了車軸，車身傾倒了。在等待從人修理的時候，服爾德與夏德萊夫人坐在雪地裏，仰望星月，討論天文學上的問題，」這時他把冰塊放在聖水缸裏。成年後他和情人坐在雪地上對着星球出神。服爾德的生涯與愛情的象徵，早由神明巧妙地安排下了。

十一 聖朗倍

西雷附近有座小小的都城，叫做呂納維爾(Luneville)。那邊的統治者是洛蘭納的君主，法國王后(按係路易十五之后)的父親，前波蘭國王斯太尼斯拉·雷秦斯基(Stanislas Leczinski)。他的小朝廷中最重要的人物，只有一個情婦與一個懺悔師，懺悔師是耶穌會教士默奴(Menou)，和王上的情婦蒲弗萊夫人(Mme de Boufflers)有隙，一七四九年時他想引進夏德萊夫人來代替她。侯爵夫人(按即指夏德萊夫人)與服爾德的關係，因服氏多病之故，差不多變成只有精神戀愛了，這是地方上人盡皆知的，可是夫人『烈火一般的氣質』並未改易，一方面雖然希望保持她的偉人，一方面亦不肯放棄肉欲。

服爾德與夏德萊夫人被邀到洛蘭納宮中作客，在那邊，『他們組織音樂會、跳舞會、演劇等種種遊藝以娛悅斯太尼斯王。』夏德萊夫人扮演喜劇、悲劇、歌唱，與蒲弗萊夫人甚是投機，不是成了

瑪麗·雷秦斯基像

（路易十五之后）

La Tour 粉筆畫

她的情敵倒是成了她的與黨。她同時又和一個當大佐的聖・朗倍（Saint-Lamlert）交好，那是一個面貌姣好的青年，富有機智，擅於詩文。

有一天晚上，服爾德爲路易十五史工作了一整天之後，不經通報逕自闖入夏德萊夫人的家內，發見她和聖・朗倍在沙發上「談着詩文哲學以外的事情。」他盛怒之下把他們痛罵了一陣，出來叫僕人套馬，要當晚離開呂納維爾。夏德萊夫人止住了僕人，一面去勸慰服爾德。「怎麼？他說，你想我看見了那些情形之後還會相信你麼？——不，她說，我永遠愛你，但若干時以來你說你精力衰頹無以爲繼了。我爲此非常難過。我決不希望你死；你的健康於我何等寶貴。在你方面，你亦很關心我的健康。既然你承認除了損害你自己的身體之外，不能再有助於我的健康，那麼你的朋友中有人替你代庖的時候你倒動怒起來，這是應該的麼？

——啊，夫人，他說，你總是有理的。既然事情是應得如此，至少不要在我眼前做出來。

明天，聖・朗倍親自來向服爾德請罪。「孩子，他和他說，我都忘記了，而且是我的過錯。你是正當愛慕取悅的華年。儘量享樂這短促的時期罷。」幾天之後他把這段故事寫成一本喜劇，但認爲祕不付印之爲妙。

兩人講和之後回到西雷，正在想去巴黎的時候，平素那麼活潑的夏德萊夫人突然憂慮起來。她覺在四十四歲上有了身孕。她告訴了服爾德。他勸她馬上叫聖・朗倍來舉行三人會議，商量用何種方法使夏德萊先生承認這個孩子是他生的。一切都像喜劇一般佈置好了；叫人送信去請夏德萊先生回家，說要商量某些家務，等他回來時把他待得非常親熱。服爾德與聖・朗倍都在，又請了些鄰近的人來，舉行小小的慶祝會，一起聚餐。夏德萊先生給衆人灌了許多酒，吃得飽飽的，講他從前的戰蹟，大家聽得津津有味，他愈加高興了。夏德萊夫人盛裝艷服，打扮得嬌滴滴地，她的丈夫不知不覺對她慇懃獻媚起來，自以爲還如青年一般興高彩烈的過了三星期之後，他的夫人告訴他說她覺得受孕了。他跳起來抱着她的頸項，擁抱她，得意揚揚的逢人告訴：於是她得救了。

在她懷孕的時期，她有時住在巴黎，有時住在呂納維爾。她竭力裝做快樂的神氣，但她頗有悲哀的預感。她想她會難產而死。可是生產的難關竟平安渡過了。她最初覺得的時候還在詮釋牛頓的理論。服爾德書信中有下列的一段記載：「昨晚夏德萊夫人在詮註牛頓時微覺不適，就呼喚女候，等到女僕上前時，已只有張開兩襟來端抱小孩的時間了。她生了一個女孩。」

但第六天上產母死了，於是一切都完了。夏德萊先生，服爾德，聖・朗倍三人都在場，哭不成聲。服爾德悲痛之下，惘惘然走出府第，跌在地下。跟着他的聖・朗倍把他扶了起來。他醒過來時對聖・朗倍說：「啊，朋友，是你害死她的。」他悲苦萬狀，久久不能自已。他在這座巨大的府第中徘徊，樣樣都使他想起愛彌麗。他想起他們初到時的情景，她用了何等巧妙的藝術把荒涼的地方點綴成充滿着愛情、友誼、學術空氣的宮殿。

末了，他回到巴黎。初時，簡直沒有人能和他談話。他的友人，久已見他對於這位情婦已經厭倦了，此刻卻又見他如是哀傷，覺得很怪異。瑪爾蒙丹（marmontel 1723–1799 法國文學家）說他看見他淚流滿頰：「他以前常常和我說她不曾是釘在他脚跟上的魔鬼，我看他哭泣，不禁陪着他難過。但我想使他在她的死因中尋出多少減輕他的哀傷的成分，便問她是怎樣死的？『怎樣死的？他不知道麼？啊，朋友，是他把她害死的，那個傢伙。他替她生了一個孩子，』這樣之後，他又稱讚這位賢淑的夫人的美德，愈加哭得傷心了。這時候剛巧旭佛蘭（Chauvelin 1685–1762 法國政治家）來了，不知講了甚麼好玩的故事，把他哄得大笑。』因爲他如一切大人物一樣，像孩子般很會變的。後來還是戲劇使他重新感到人生的趣味。

十二　普羅士王

弗萊特烈克二世久想把服爾德羅致在宮中。夏德萊夫人亡故以後，他的邀請愈加來得頻數了。服爾德方面也不能漠然無動於衷。法國的君主不許他同席；普羅士王卻與他賦詩唱和。朝廷對他的勁敵克萊皮翁寵幸有加，更使他怨憤。此刻唯一的阻礙是弗萊特烈克的吝嗇。他很願給服爾德一筆年俸，但不肯津貼旅費。服爾德自從情婦物故以後和姪女特尼夫人（Mme Denis）住在一起，想把她帶着同去，那麼又多出一千金幣的旅費，而在這項費用裏面弗萊特烈克是決不肯破費一文的。

然而在服爾德心中，驕傲畢竟戰勝了金錢。有人告訴服爾德說一個惡俗不堪的法國詩人亞諾·巴哥拉（Arnaud Baculard）曾經在普羅士宮中當食客，普王贈給他的一首詩，簡直把他當服爾德一般看待，其中幾句失敬的話是：

法蘭西的亞波羅，

已經走入頹唐的路，

來罷，你來光照世界能。

服爾德立刻致書弗萊特烈克：

你的多情的文字在法國已通國皆知，

你稱揚亞諾的少壯；

我已度了六十春秋。

但即算你如何光榮顯赫，

難道就應該奚落我這老叟？

寫完了這幾句，他從牀上跳下來嚷道：「服爾德已是日暮而巴哥拉方是旭旦麽？這種狂言竟出之於君王之口麽？」他穿着襯衣，怒跳如雷的把普羅士王大駡一頓：「我要去，他說，是的，我要去教他把人物認認清楚！」普羅士之行就此決定了。引裴爾宋語勵身還得請求宮廷的允准。服爾德向主管的大臣陳說，並且問他有沒有什麼事情交他到柏林去辦，大臣答道：『一件也沒有，』路易十五旋轉身去簡直不睬，太子也是這樣。終於服爾德請弗萊特烈克二世寫信給路易十五，請求允許他永遠把服爾德留在宮中；路易十五哼着鼻子說他全不在乎，又和朝臣說這不過是普羅士宮中多了一個瘋子，法蘭西宮中少了一個瘋子罷了。

『一切的開端總是可愛的。』服爾德初到卜茲頓的情景眞是美妙非凡。普魯士王親自迎接他下車。宮中爲他舉行盛祝會，表演他的悲劇，他巍然坐在王室貴冑之間。他經過的路上大家都喝喝的說：『服爾德……服爾德……』他胸前掛着大勳章，背後掛着侍從長的鑰匙，每年享用二萬八千金的恩俸。普王周圍一小羣親狎的人，那些文人學者，開始覺得新來的寵臣可厭了。那時普魯士宮中也有一般法國人，如弗萊特烈克稱爲『他的無神論者』的拉・曼德里（La Mettrie 1709-1751 法國醫生，唯物論的哲學家。）在索爾邦（Sorbonne 按即今巴黎大學文科）公然宣稱摩西（Moïse 古代先知者。）是最大膽的歷史家的台潑拉特（Desprades）服爾德到後立刻請普王驅逐出宮的少壯的亞諾・巴哥拉，而尤以弗萊特烈克任爲科學院院長的莫班多伊爲最著。他是優秀的數學家，以在拉卜尼（Laponie 瑞典挪威以北之地帶，爲歐洲極北之地。）測算

卜茲鄧宮旁之磨坊

北極子午線而開名，他在那邊帶回的兩個拉卜尼人（按係一種特殊的矮小的民族。）在巴黎交際場中轟動一時，服爾德來到的時候，莫班多伊沒有在場；他回到柏林，卻發見宮中多了一個對他犯過兩大不敬罪的文人，居然滿身披戴的掛滿了勳章。服爾德所犯的兩大不敬罪是：一、在他進學士院的演說中，列舉當代的名人而忘掉了莫班多伊，二、他與莫班多伊是同國人而膽敢比他更有聲名。

這些小黨派是最危險的東西。一言一語在人羣中傳來傳去，好似水滴在漩渦中打轉。弗萊特烈克是如阿揚（Argens 1704-1771法國文學家）所說的一個輕狂婦人，要討好好幾個情夫而結果使每個人受苦。他招致服爾德來是要他改削法文詩。但卜茲頓宮中的人便去告訴他說，服爾德在接到他的手稿時嘰咕道：『王上又把髒衣服給我洗了。』同時他們又告訴服爾德說王上說『我再需用他一年；橘汁吸完之後，自然要棄掉橘皮。』於是服爾德以處在紛王特尼（按Denys爲紀元前四世紀時西西利島之霸王。）宮中的柏拉圖自比，嘆道：『然而柏拉圖還不必虛擲光陰去洗濯髒衣服呢。』這樣的話又傳到王上耳中，而且還要加些註解上去。

王與客卿之間的關係日趨惡劣了。愛做買賣的服爾德，禁不住在普魯士做非法的投機事業。

他雇用一個叫做赫歇爾的猶太人爲經理。後來兩人互控欺詐，赫歇爾下了獄。但服爾德的敵人替赫歇爾叫寃，弄得弗萊特烈克大發雷霆，說：「你弄得滿城風雨。在你未來之前，我宮中一向是很安靜的，我現在告訴你，要是你歡喜使用陰謀鬼計，你眞是看錯了人。」如果服爾德以爲普魯士王不及法蘭西王嚴厲，那麼這種刺耳的話應當夠他思索一番了。

另外一件事業使他與卜茲頓宮中的人根本鬧翻了。莫班多伊發表一篇稱爲「最低限度律」的論文，堅謂自然界總以最低限度分配各種原動力。他揚揚自得的用此「最低限度」來解釋一切。柏林科學院的另一個會員葛尼格（Koenig 1712-1757 德國數學家。）說這條定律在萊布尼茲（Leipniz 1646-1716 德國大哲學家）學說中已經有過而且加以擯斥了。莫班多伊否認其事，痛斥這個眞正的學者與頗得人望的葛尼格爲謬妄。此說一出，輿論譁然，但不敢向偏袒莫氏的王上說。湊巧莫班多伊又發表一篇授人話柄的文字。服爾德一方而想主持公道，一方而想炫耀才智，便寫了一篇阿加基亞醫生的駁議，恣意取笑莫班多伊的某些思想，說他無異把所有的病人塗抹樹脂以防止傷風。這場取笑被認爲不敬君王。小册子被搜去焚燬了。哲學家的君主與專制的霸王完全一個模樣。

服爾德把十字勳章與侍從長鑰匙奉還普王，附以下列的詩句：

我接受時滿心歡喜，

我璧還時一臉悲苦，

正如一個妒忌的情人，

在憤激時交還情婦的肖像。

王請他把勳章寶綬留着，但要他上路。他經過了許多困難纔走出德國境界。在佛朗克府（Francfort，德國名城。）一個蠻橫的官員把他拘押起來，要他交出王上的詩集。但弗萊特烈克的大作是存放在萊布齊格（Leipzig 德國名城）的行李中。服爾德便和來迎接他的特尼夫人在佛朗克府下了獄。這件事情在當時大大的聳動了一番。（譯者按，服爾德原擬把弗萊特烈克的詩作帶走，以便有機會時用為取笑的資料，在佛朗克府拘留五星期後，卒被迫交出，

十三　哲學家的三窟

在佛朗克府受辱以後，服爾德知道在德國決不比法國更自由。回到巴黎是不可能的；法王不願看見他，這是君王的失着。有人說服爾德的逃亡是王室與文人分裂的標識，這句話是不錯的。路易十四對於文人的優遇無異軟禁他們；路易十五輕視他們，便無異解除了他們的束縛。可是文人能夠造成輿論，而輿論是任何政府——即是專制政府也如此——不能忽視的。服爾德的逃亡確是法國王政衰敗之徵。

他道經高瑪（Colmar 上萊茵城）在賽諾納（Senones）寺院中勾留了數星期，寺中本多派教士的藏書室幫助他繼續寫他的風俗論。這位反對教會的老人，很恬適的住在教會裏，叫本多派教士替他搜集各種「雜談的材料。」他說到敵人那邊去取得攻擊他們的武器是最好的計策。以後他到柏龍皮哀（Plombières）去療養了若干時候，重行與他的朋友阿揚太，姪女特尼夫人，風丹納夫人

Huler 所繪服爾德像

快樂莊中的服氏

國家圖書館藏

相聚。他經過里昂，受到熱烈的款待，終於到了瑞士。他想在此共和國土內，他總可不受王家警察的麻煩了；而且他很天真的相信既然那些宗教改革家（按瑞士係新教國家）是被虐害過來的人，決不致再去虐害別人。一七五四年十二月十二日，他到日內瓦。他剛好六十歲。

他先住在德龍鄉醫生（Tronchin 1709-1781 當時最行時之瑞士醫生。）家裏，繼而在柏朗楊宮堡借住了幾星期，一面尋找房子。他先在洛桑（Lausanne 瑞士名城。）半山間租了一所臨湖的住宅，但那是夏季避暑的莊子，特尼夫人在裏面幾乎凍死。於是他們在日內瓦城裏找到一座大房子叫做聖・約翰莊；服爾德因為不願頂用聖者的名字，把它改稱快樂莊。這是反面的迷信。一個新教徒在日內瓦是不准置產的，故服爾德借錢給德龍鄉醫生叫他買下，一方面給服爾德一張終生租住契約作為借款的利息。他早就把財產的一部儲作終生年金，且因他身體瘦弱形容憔悴之故收有很高的息金。

他寫信時隨即改用「瑞士人服爾德」的署名，他描寫從家裏望出去的風景；又因生性好動之故馬上興工建築裝飾內部佈置花園，忙個不了。「我和特尼夫人忙於建築客舍和雞棚。我們定造四輪車與獨輪車，種植橘樹，罌粟，玫瑰與羅蔔。我們什麼都缺少。得把整個的迦太城（Carthage 按係腓尼基人於

（紀元前七世紀時在非洲建立之名城。）建設起來。」

迄今爲止，服爾德一向住在別人家裏，積聚了大宗的財產。從此以後，他想過巨宦生活了。他有四輛車子，僕從無數，又很好客。他造了一座劇院，常勸勒甘（Lekain 1728-1778 法國著名悲劇演員）路過時，請他表演查伊。那時琪鑪（Gilbon 1737-1786 英國名史家）方在洛桑，看見服爾德親自扮演呂西昂的角色認爲他的說白頗爲堂皇。日內瓦所有的世家都來參觀這些表演，不久，牧師們認爲這是含有危險性的娛樂。日內瓦教堂裏宣道演說中有攻擊他的說話了，於是他只能私下舉行表演。

這還不過是令他掃興的開端罷了。他在百科全書中論列日內瓦的文字，又掀起了紛紜的議論，終竟使他的隱居生活發生恐慌。他在那篇文字中稱讚新教的牧師既不相信聖經，亦不相信地獄，只是如他一樣的理神論者（déiste）。但牧師們絕對不願領受這種稱讚。他又說過加爾文（Calvin 1509-1564 法瑞爾國之宗教改革家）的心是「殘酷的」，更加令人不快。他徒然寫信給印刷所，爭辯他原稿上寫的是「嚴峻的」（austère），被手民誤讀爲「殘酷的」（atroce）。這種申辯方式是他慣用的技倆，無奈事情演變的結果，表明日內瓦並不比巴黎更有哲學氣息。「我極愛自由的人民，他說，但我更愛我個人的自由。」

既然他在法國與瑞士都不得安寧，最妥當的莫如一隻脚伸在瑞士一隻脚伸在法國，或更好是如服爾德所說的有四隻脚。在日內瓦湖畔有兩座別業，在邊境上再有兩座，那麽一有警報立刻可以逃跑，辨辯，靜待風浪的平息。湊巧在靠近日内瓦的法國邊境有兩塊田地出售，一處是多奈伯爵的食邑，沚着一切貴族的特權出讓，還有一處是法爾奈（Ferney）宮堡。他把兩處一起買下，他的陣地便如狡兎三窟般佈置周密了。「我左脚踏在于拉峯上，右脚踏在阿爾卑斯山巔，陣地的前面是日內瓦湖。一座美麗的宮堡在法國邊境，一所隱居的精舍在日内瓦，一個舒適的住宅在洛桑：從這一窟到那一窟，我終可倖免君王及其軍隊的搜索了吧！」

十四　法爾奈的生活

差不多一切偉大的人物，一生中總有一個時期的面目對於後世的印象特別顯著。傳說中的拜侖是一八一二年代美貌的青年，而非勃梨辛頓夫人 Lady Blessington 1789-1849 英國有名才女，以思想出衆著聞於世， 認識時的成年人，頭髮稀少未老先衰的模樣。托爾斯泰是於思滿頰的鄉下老翁，穿着粗劣的工衣，腰裏束着一條闊帶。傳說中的服爾德是法爾奈時代的狡猾老人，正似烏同 Houdon 1741-1828 法國大雕刻家。 所作的影像，嬉笑怒罵的神氣，瘦削的個子，像一座枯朽的骸骨，在大理石的衣服下面傴僂着，但像一根傴僂着的彈簧隨時會跳起來的樣子。在法爾奈的二十年中，服爾德都像快要老死的神氣；其實他終生都如此。「他老是怨嘆的健康，耐得住最繁重的精神工作而受不了任何過度的疲勞，倒是他最會運用的寶貴的傢伙。」

法爾奈隱居中的賓客頗為衆多。服爾德曾謂哲人退隱於孤獨之中為煩悶所苦。但他在法爾

法爾奈的服爾德別莊（此爲三幅之一）

奈既不孤獨也不煩悶。與他相處的最初便有他的兩個姪女。特尼夫人是『一個臃腫不堪的小婦人，年紀約在五十左右，而貌生得很醜，心腸倒很慈悲，善於說謊，但不是有意的也不是惡意的；並沒有什麽思想而裝做頗有思想；一天到晚的叫嚷，出主意，亂談政治，做詩，一忽兒很有理解，一忽兒毫無理解；一切舉動都出之無心而且不得罪人。』服爾德購買法爾奈時用的是特尼夫人的名字，但要她簽署一張證明法益權的契約買賣成交之後，特尼夫人不肯簽字了，並非要逐出她的叔父而且要叫他逃不出她的掌握；這是他們兩人爭吵的起因。還有一個姪女是風丹納夫人（Mme de Fontaine），更溫柔更和平易與尤好繪畫屋內到處掛着她仿蒲希與諾多阿（按 Boucher 與 notoire 均爲當時法國有名的學院派畫家）作風的裸體畫，說是『使她衰老的叔父恢復一些青春之氣。』他也的確很感趣味，他寫道：『應當叫人把王宮裏最美最大膽的作品臨摹下來。』

除了姪女們來來往往之外，常客還有一個祕書——忠心的華尼亞，和一個耶穌會教士亞達神甫（Père Adam）。在服爾德老年有一個耶穌會教士與他相處並非可怪的事。那些『可敬的神甫』在他幼年給他受了那麽美滿的教育，故他心裏是始終感激他們的。亞達神甫極好下棋，每天和服爾德對奕。『這位神甫，他說，決非世界上第一流的人物，但精於奕棋。』要是神甫勝了，服爾德就把棋盤扔在地下，嚷道：『耗費兩小時的光陰去搬木塊，還不如寫一幕悲劇。』要是他勝了，便一直下到終局。

服爾德住到法爾奈後第一樁舉動是造一所教堂，亞達神甫替他當祭司。教堂的破風上寫着『Deo erexit Voltaire』。來往的人都說：『兩個偉大的名字。』服爾德造了一座墳墓，一半在教堂裏面一半在堂後的墓地上。『狡黠之徒可以說我既不在內亦不在外。』他又造了一座演劇廳。『如果你遇着狂熱的教徒，可以告訴他們我造了一所教堂；如果你遇着可愛的人，可以告訴他們我造了一所劇院。』

兩個年輕的女郎先後在府第中加增了不少清新蓬勃的氣象。一個是高乃伊的姪女，服爾德爲紀念大詩人而撫養在家的。他寫道：『偉大的高乃伊的部下，應當爲他的將軍的孫女效勞。』他寫了一部詮釋高乃伊劇作的書，以曾得的稿費充作她的奩資，把她嫁給一位杜洛依先生。還有一個是清貧的世家小姐華列古，『可愛的胖子。』服爾德稱她做『善心的美女』和她說：『你使我心平氣和，在你面前簡直不會生氣。』她早上到他臥室裏時，他問她說：『日安，美麗的造物。』她答道：『日安，庇護我的上帝，』說完之後抱着他的頸項親吻。『啊，小姐，他嚷道，這是生與死的擁抱啊。』但死並不討厭這種接觸。後來他把她嫁給維來德侯爵（Villette），她亦對她矢忠不渝。

如在快樂莊時一樣，他在法爾耐過着最勤勞的生活。他不但專心於文學工作，並且從事建築種植，他說這是『慰娛暮年的唯一的勾當。』周圍的土地養活了他家中的三十個人與十二匹馬。自朝至暮（他五時起身十時就寢）他忙於農事與飼養馬匹（因爲他費了許多心血想改良馬種，可惜沒有成功）他接待無數上門求見的賓客；寫無數的信扎，小册子，故事，劇本，或是口中念出來叫人錄寫。晚上，大家玩些智力的遊戲。或是他講竊賊的故事：『夫人們，服爾德開始說道，有一天一個催徵吏……哦，下文忘記了。』他覺得甚麽都好玩。他在法爾耐最不歡喜的賓客要算公牛了。『我討厭公牛，牠們走得太慢，與我活潑的性格不合。牠們老是像生病似的。我愛強壯健旺，耕田幹練的傢伙。』

至於他，雖然身體不好，可是工作很快。他致瞽特方夫人說：『在那一無所有的死未曾臨到之

法爾奈別莊之晚餐

(1)服爾德(2)亞達神甫(3)莫利神甫(4)亞朗倍(5)聖陶賽(6)第特洛(7 拉哈潑

(鑄版畫)　　法國國家圖書館藏

前，儻能享受區區的生罷。』他在給亞朗培 Alembert 1717-1783 法國文學家哲學家數學家 的信中又說：『得永遠嬉笑怒罵的走向真理的路。』他行善的時候是否嬉笑怒罵可不知道，但他的確行了不少的善事。他把法爾奈的村落弄成一個繁榮的地方。他開墾土地，建造農舍，造好之後以低價售與農人。『我在貧苦的地方播種繁榮。這固然使我化費不少，但是為了最高尙的事業而化費的。』

那時日內瓦正鬧着幾件虐害無辜的大獄，他乘機使他的村落增加了許多居民。他開辦織造絲襪的工廠，把第一雙出品寄給旭阿索公爵夫人 按 Choiseul 侯爵為路易十五之外交大臣 『夫人，只請你試穿一次，穿了之後可以把你的腿給任何人看。』他開辦花邊工廠。他又招了許多出色的鐘錶工人，像治理一個帝國那樣的拼命推銷他的出品。他對他所有的巴黎朋友宣傳法爾奈的鐘錶：『此地的貨色遠勝日內瓦的……在巴黎值四十路易 按係法國貨幣名 的打簧錶，我這裏只要十八路易。如蒙賜顧，竭誠歡迎……你可有極好的錶，附贈極壞的詩，要是你歡喜的話。』

因旭阿索侯爵的介紹，他印了傳單寄給所有法國的駐外大使，請他們推銷法爾奈鐘錶。『他們非常尊敬舊教，所以尤其值得閣下提倡。』當他的朋友俄羅斯女皇和土耳其打仗時，他很想請她介紹做一筆希臘正教寺院的鐘錶生意，但他同時與蘇丹亦有來往，做土耳其方面的交易。總而言之，他把法爾奈造成一個快樂勤勉的天堂，因宗教信仰絕對自由之故，人們更加幸福：「在我的部落中，有一百多個日內瓦人的家庭，可是一些也不覺得有兩種宗教。」

年齡的增高，只有加增他的勤勞與工作的興致。「我年紀愈大，愈需要工作。工作慢慢地成為最大的樂趣，代替我一切已經消失的幻象。」此外他又言：「衰老與疾病都不能消磨我的勇氣。即令我只能開墾一方地，只能種成廿株樹，也已經不是白費的事業了。」這已與剛第特（Candide服氏名小說之名。詳見後。）的哲學相去不遠了。

十五 服爾德的哲學

一般的傳說把法爾奈時期的服爾德當作真正的服爾德確是不錯的。在法爾奈以前，服爾德是什麽呢？一個聲名卓著的詩人兼戲劇作家，一個受人辯難的歷史家，一個科學的提倡者。法蘭西當他是一個顯赫的作家，可不當他是思想界的權威。直到他住居法爾奈以後，他的精神纔得解放，纔變得偉大。靠了狡兔三窟的掩護，他甚麽話都敢説了。他一般百科全書派的朋友在巴黎冒險爲爭思想自由所作的猶鬪，倒由他在隱居之中主持一切。他在這場鬪爭中間，灌輸入靈氣與幻想，化爲種種不同的形式，與有意單調的主張。

二十年間從法爾奈散佈到全歐洲的文件有如雨點一般，這些小册子以各式各種的名字出現，到處被人扣留查禁，駁斥痛罵，但它仍是遍地風行，慎思明辨之士競相傳誦，嘆節嘆服。在法爾奈的服爾德已非「漂亮人物」而是理智本位的宣道者了。他以使徒自命，説：「我對於我的時代的

服爾德彫像

烏同（Hadon）作

影響遠過於路德與加爾文。」又謂：「許多人說基督教義是十二個門徒建立起來的，這種論調我早已聽厭，我眞想證明給他們看，要破壞它時，一個人便已足夠。」他的書信末了幾乎總加上「劃除卑鄙」的口號，他天眞地把這幾個字寫成縮寫，以免觸犯忌諱。所謂卑鄙是指什麼呢？是宗教麼？是教會麼？說準確些是迷信。他攻擊它不遺餘力，因爲他喫過它的苦，因爲盲目的信仰使人類遭受不必要的苦難。

因此，服爾德在法爾奈時期的作品大半是破壞性質的。他要證明：（一）以爲一個全能的上帝，天地的創造者，特地選中猶太人那個遊牧的亞拉伯部落作爲他的特選民族，是最荒謬的思想；（二）這個民族的歷史（聖經）充滿着不可信的、淫猥的、矛盾的事實（他頗費心血的寫了一部「聖經箋註」，把經文重行校訂，加以無數的按語；）（三）還有十八世紀以來教派之間爲了幾個字而互相殘殺是發瘋的無聊的行爲。

服爾德的這種批判同時也受到公正的批判。人家說服爾德沒有節度，缺少同情，即是他自己的史學修養亦嫌不充分。這些說話都是對的，服爾德自己有時也竭力想說幾句公道話：「不消說，我們不該以我們的時代去批評那些時代，也不該叫「英國人或法國人去批判猶太人」要是人家肯把聖經當作野蠻部落的傳說去讀，那麼他亦承認它引人入勝之處不下於荷馬的作品。要是人家認為其中有神明的說話與超人的思想，那麼他便要列舉先知者的事跡而指出他們的殘酷了。

什麼是服爾德積極的哲學主張呢？是一種由理神主義沖和的不可知論。「一個人誕生下來自然而然就會承認上帝……有出品就證明有工人。一切星球以最高妙的藝術在太陽周圍跳舞。動物、植物、礦物、一切都由節度、數目、動作、安排妥當。一幅美麗的風景或動物畫是出之於高明的藝術家之手，這是無人懷疑的。既然臨本是智慧的產物，原本怎麼會不是呢？」

關於上帝的性質，他很少告訴我們。「盲目的信徒告訴我們說：——上帝在某個時代來到人世；他在一個小村上宣道，但他把聽衆的心腸都變硬了，使他們絕對不相信他；他塞住了他們的耳朵而和他們談話。——全地球的人都會嗤笑這些盲目的信徒。對於人家發明的一切上帝，我都可以這麼說。無論是印度的鬼怪或埃及的鬼怪，我都一律不稍假借。有些國家為了那些特殊神道的幻影而放棄無所不在的上帝，眞堪惋惜。」

那麽應當相信什麽呢？這便有些模糊了。「有神論者（Theiste 相信神之存在，其與理神論者相異之點，在於相信上帝對於世界之權力。）是我們可以自命的唯一的名稱；大自然是我們可以諷誦的唯一的福音書。唯一的宗教是信奉上帝，努力行善。這純潔的永恆的宗教決無弊害。」的確，這種有神論似乎沒有害處，但有沒有益處呢？我們不懂，何以如此抽象的信仰能與道德相容，何況服爾德的道德又是極重人情的。「是啊，老天！我爲上帝服役，因爲我愛我的國家，因爲我每星期日都去做彌撒，因爲我設立學校，因爲我將設立醫院，因爲雖然有鹽稅我這裏可沒有窮人。是啊，我爲上帝服役，我相信上帝，而我要大家知道這一點。」我們的確知道這一點，但這種樣子的侍奉上帝倒是一個廉潔的行政人員的辦法而非神祕論者的氣派。

名義上的有神論者，實際上的人文主義者，服爾德是這樣的一個人。他一朝要正正經經的辯解道德戒條時，他是依據社會思想行事的。而且，既然神是無所不在的，自然之中便有道德。「一致之徵，亦有神明。」無論何時何地，人類在良心中所能找到的道德只有一條。蘇格拉底、耶穌、孔子，他們的玄學是各異的，但道德差不多是相同的。有一般人，例如竊賊，儘管否定神的律令，卻又造出別的律令來奉行唯謹。拍斯格 Pascal 法國十七世紀大思想家 覺得這種情形大爲『可笑』，服爾德則加以按語道：『這是有益的而非可笑的，因爲於此足證無論何種社會不能一日無律令，即是遊戲之中亦如此；無規則的遊戲是沒有的。』在此，他的史學家的目光看得很準確，而且用深刻的說話，道破了今日一般觀察家所描寫的原始社會情形。

人家對於這種服爾德式的哲學曾經加以嚴厲的批判。法葛 Faguet 按係近世法國批評家 評爲『明白思想的渾沌物』 按此評意爲思想明白，但無系統，故大體上仍是一片混沌，不成一家言。 泰納 Taine 1828-1893 法國哲學家，歷史家，批評家。 則謂：『他因爲要令人易於接受之故，把大事縮小了。』大家也可想起一個女人的名言：『他把事情講得那麼明白，以致我永遠不明白了；這是我不能寬恕他的。』當然，一種完全清楚明白的學說不大容易把晴晦的世界表現眞切。』

即是服爾德自己，在他坦白的時候，也說——而且比任何人都說得澈底——所謂「明白」是有界限的，人類運命中儘有瘋狂與曖昧不明的區處。如果你不相信，可請翻閱他哲學辭典中「愚昧」一辭下的第二節：『我不知 按愚昧一辭在法文中作動詞用時作不知解 我如何形成如何誕生。我一生之中四分之一的時間，我所見所聞所感，皆絕對不知其理由，我只如鸚鵡一般學舌而已……當我想向這個確定的途程中前進時，我旣找不到一條路徑，也找不到一個目標，我對「永恆」默想了一會之後，我又墮入恐昧的深淵中去了。」在此，服爾德與拍斯格相遇了，但只在半路上相遇；而這煩躁不安的服爾德確是最高的服爾德，因爲這是剛第特中的服爾德了。

十六 剛第特

假使我們告訴查伊與亨利亞特，的作者，說他的著作中在一九五〇年代唯一（或差不多是唯一）有人諷誦而認爲人類精神傑作之一的書，將是他六十六歲時所寫的一部短篇小說剛第特（Candide），他一定要驚訝不置。

他寫作本書的用意，是諷刺萊布尼茲的樂天主義。一般樂天家說：『在最好的世界中一切都好到無以復加。』服爾德觀察過人類的生活，他生活過、奮鬬過、受過苦，而且看見人家的受苦。眞的不，這個火刑場的世界，爭戰連年的世界，斷頭台與疾病的世界，決不是可能的世界中最好的世界。史家（尤其是米希萊 Michelet 1798-1874）常認爲剛第特的悲觀主義是由於幾件特殊的事故：里斯本（Lisbonne 葡國京城）的地震（服爾德曾爲此寫過一首詩），七年戰爭及其慘禍，特尼夫人的貪婪這些小理由似乎是多餘的。服爾德否認世界的完滿，因爲完滿難得在這明智的老人面前顯現。

服爾德名著『剛第特』插畫之一斑

按圖爲描寫書中主人翁剛第

特旅行各地時的見聞及遭遇

他的主張是簡單的。剛第特慢慢地認識了軍隊，異教裁判，巴拉什 Paraguay 今南美一共和國剛第特遊踪所及之地 的耶穌會教士；凶殺，竊盜，奸淫；認識了法國，英國，土耳其。他到處看出人是凶惡的動物。班葛羅斯 Pan-gloss 書中人物之一 代表樂觀派的哲學，馬丁(Martin)代表悲觀派，他想人是『生來在徬徨不安的動亂中或敵人的絕境中討生活的。』但作者既不採取馬丁的悲觀主義亦不採取班葛羅斯的樂觀主義。書中的最後一句是：『應當耕種我們的園地，』意思是說，世界是瘋狂而殘酷的；地下震動，天上霹靂，帝王相戰，教會相殘。還是縮小我們的活動範圍，盡我們的力來幹些小事情罷。

這是根本『合於科學與中產階級的』結論。應當有所作爲。一切都是不良的，但一切都可改善。人『不能消滅宇宙的殘酷，但能運用謹愼來保護其中的幾個村落，使它們一時不致遭受虐害。』服爾德所用來反對馬丁的悲觀主義與班葛羅斯的樂觀主義的，用來反對基督教神學與萊布尼茲淡泊的樂天哲學的，是牛頓的科學，是限於自然界的科學，它雖然只能令人抓到自然界的幾種關係，但我們已能由此駕馭一部分的自然現象。在這一點上，服爾德已預示出現代人與工程師式的明哲(Sagesse)。雖是不完全的，但是有益的明哲。

在服爾德全部著作中，唯有剛第特一書最能表現他是一個偉大的古典派與十七世紀型的人物，處騷那時已是一個浪漫派與十九世紀型的人物了。要把剛第特一變而爲冢子哈洛特Childe Harold（按係拜命著名詩作，述一詩人遊歷各地之見聞與印象。）是極容易的。只要把剛第特作爲服爾德的人格的映影，咀咒宇宙奪去了他的哥納公特小姐，幻想自己與命運鬬爭，那麼他便成爲浪漫派的英雄了。但剛第特和莫利良的劇中人物一樣，是普遍的人物；反浪漫派的後期的拜命，唐·朱安Don Juan（拜命名著）時代的拜命，卽是受了剛第特的影響而形成的。所以一切浪漫主義者是反服爾德派(Antivoltairiens)，卽使在政治上應當贊成服爾德的米希萊亦不能例外；反之，一切接受世界而識得它的惡作劇與薄情的人是服爾德派(voltairiens)「莫拉先生Charles maurras（1868——現代法國政論家，主張復辟，反對民主。）每年要溫讀一次剛第特，讀完時總想『前路是通行的，』卽是說塵世的幻象雲翳的障蔽，一切現實與悟性之間的阻梗，都被服爾德一掃而空了。』（引彭維爾語。）

阿命Alain（現代法國思想家。）說得很對，剛第特的文筆頗像伽朗氏(Galland)譯的天方夜譚。「一是法國古典派作家，他把事情的結果加以證明加以演繹，一是東方的宿命論者，描寫人生荒誕不經的形象兩者相遇，產生了一種新的不和協音（dissonance）。』原文的詩意，大部分因爲世間的瘋狂與混亂由一種節奏來表現統制之故。剛第特是有兩種性格的。一方面每頁都有變幻莫測的事實令人眩目；一方面又有奔騰迅速的氣勢與乎循環反復的馬丁悲觀主義的題旨，老婦的敍述和剛第特的覆唱（refrains），足與偉大的詩作媲美，予人以悲壯之感。『一切傑作中間都有悼辭（oraison），服爾德的小說亦是如此。』

除了伽朗的影響之外，史維夫脫的作品亦是服爾德百讀不厭的，他用最自然的風格敍述最荒唐的故事的藝術，卽是從這位作家學得的。在一切法國古典派文字中，剛第特最與英國幽默作家的作品相近。史維夫脫的幽默有時還不免粗野誇張，剛第特的幽默卻是爲取悅讀者起計而更淨化的了。一切文人的作品中都有幸運的成功；剛第特便是服爾德最幸運的成功。

十七 小品

服爾德在法爾奈做了許多工作，產生了他著作中最重要的部分。在西雷與柏林兩地開始的大著都在此完成並出版了，如風俗論，大彼得時代的俄國史及哲學辭典。關於風俗論，上文已經談過；至於哲學辭典，則是依字母次序排列的隨筆，根本沒有什麼系統，唯有主義是一貫的。他寫本書的動機發軔於柏林與普魯士王用晚餐的時候。他想用以取悅一般歡喜談論一切而不歡喜「結構」的人。

有人寫過一部法國簡明作品史（按係今巴黎大學莫南教授所著）其實還可以寫一部法國奇文與無結構作品史。其中可以列入蒙丹（Montaigne 1533-1592 法國大文豪）的論文，拉·勃呂伊哀的人性論，服爾德的哲學辭典與梵樂梨（Valery 現代法國大詩人兼批評家），的斷片。即是風俗論也不過是一種以年代為序的百科辭典。辭典這種形式是服爾德最歡喜的，他屢次應用。一七六四年出版的第一冊，題作袖珍哲學辭典，被查禁焚燬了。以

服爾德在法爾奈別莊中起牀寫照

法國 國家圖書館藏

後又出版關於百科全書的問題，以字母排列的言論集。服爾德死後，這些作品都歸併入蓋爾(Kehl)版的哲學辭典中。它包括軼事、神學論、科學、歷史、音樂、語錄。

服爾德在法爾奈也寫了許多哲學故事，有幾篇雖不及剛第特完美，但亦是有趣而深刻的東西。耶諾與高蘭(Jeannot et Colin)是諷刺富翁的；四十金幣的人（l'Homme aux quarante écus）不像小說而更似抨擊經濟政策的文字；耶尼的歷史（l'Histoire de fenni）的首章是服爾德最精采之作；以後還有老實人（Ingénu），巴比侖的公主（Princesse de Babylone），白公牛（Taureau blanc），和頗有剛第特的詩意而沒有它的氣魄的白與黑（Blanc et noir）。

但這時期最大部分的作品是政治評論，小册子與語錄，因了這些文字，服爾德（與阿狄生兩人）纔成為空前絕後的名記者。他創造了一組傀儡人物以陳述自己的意見，嘲笑敵人的主張。有時是一個受着宗教虐害的印度人書信（亞瑪貝特的書信），有時是一個西班牙學士的神學論（查巴太的問題），有時是拉葛斯地方嘉布新教派（Capucins）的看守寫給前往聖地的班第哥洛梭修士的指南。「班第哥洛梭修士，你應當做的第一件事情，是去看看上帝創造亞當與夏娃的虛世天堂，那是古代的希臘人，早期的羅馬人，波斯人，埃及人，西利人等所熟知的，但那些國家的文人從未講起過……你只須問道於耶路撒冷的嘉布新派教士便決不會迷路了。』再不然是聖哥谷法派的阿斯高利修士的諡聖典禮，及其在脫洛伊城中產者前面顯靈的故事。或者是猶太教士阿基勃的宣教，中國皇帝的上諭，伽拉西斯修士的旅行中了耶穌會報紙的稱讚了一部分百科全書方得解救的。

這些以抨擊為主的文學，並非都是才氣橫溢的作品。聖哥谷法諡聖典禮中的滑稽是呆滯無味的。但這些幻想故事自有一種劇烈的動作與節奏，快樂的氣氛，巧妙的發明，壯麗的風格，尤其是許多當時的『時事』很能博得時人的歡迎。他們對於這位政論家的價值與勇氣，自然比我們更能體會。他雖然聲名卓著，雖然住在安全的地方，有時仍不免受到威脅。王后瑪麗·雷奏斯基（Marie Leczisky）臨死之時，遺命要懲罰他的不敬神明之罪。『你叫我怎麼辦呢，夫人？』王上答道。要是他在巴黎，我可以把他趕到法爾奈去。』法院可不及君主賢明了，把四十金幣的人付之一炬，把出售本書的書商枷示，在處理這樁案子時，一個法官在刑事庭上大嚷道：『難道我們只焚燒書籍麼？』

服爾德雖與邊界近在咫尺，也不免常常恐慌，但他總是無法抵禦他的魔鬼，不肯擱筆。

剛第特，路易十四時代，與許多故事，無疑是服爾德的傑作。但若要明白他何以對於當時的法國有那麽普遍重大的影響，便當檢閱他無數的應時文章，題目是過時的，形式是永久的，而且也應該想像一個天才記者對於輿論界的勢力，他老是用同樣的題材，使法國在二十餘年中爲之驚訝讚嘆，騷亂不已，並且不知不覺的受他控制。

十八　喀拉事件

一七六二年三月杪，有一位遊客從朗葛陶克省（Languedoc 按係法國古時西南行省，首府爲都爾士。）來到法爾奈，告訴服爾德都魯士（Toulouse）城中新近發生的一件駭人聽聞的案子。一個在城中頗有聲譽的新教徒商人，約翰·喀拉（Jean Calas），在下列的情形中被處極刑：

他兒子中有一個名叫馬克·安東尼·喀拉的，素性抑鬱，居常落落寡歡。因爲他是新教徒，故不能進大學修習法科；一方面他不願如父親一般做一個商人。他最歡喜的讀物是哈姆雷德和賽納克（Sénèque 2-66羅馬帝國時代哲學家）論自殺的文字。

一七六一年十月十三日，家裏來了他的一個朋友，他在晚餐席上先行告退，經過廚房時，女僕和他說：『來烤烤火罷。』——『啊，』他答道，『我熱死了。』說完之後，巡向店鋪走去。等了一會，朋友起身告辭了；第二個兒子拿着燈送他走出店舖時。突然發見他的哥哥吊在門框上，已經死了。他大聲驚叫，母親父親都跑來了。大家判斷繩子把他放下。鄰人們擁來觀望，立刻有些瘋狂的舊教徒揚言馬克·安東尼是被父母殺害的，因爲他要改信基督舊教，明天就要聲明脫離新教而按照新教徒的規矩，做家長的寧願置兒子於死地可不願他改教。

這種指控的理由是荒唐無稽的。新教之中從沒那種規矩。一切熟悉喀拉家庭情形的證人，都稱述父親的慈愛與寬容。他的一個名叫路易的兒子，不久以前因受女僕的勸說而改信舊教；喀拉寬恕了兒子，連那個女僕也沒有撤換。而且一個老人怎能制服一個年富力強的青年而把他縊死呢？要就得承認全家的人，連客人在內都是共謀的。但你能想像父母兄弟集合起來謀害一個嫡親骨肉麼？加以連死者生前意欲改教的事也沒有一個人能切實證明。但案子落在一個狂妄好事的法官手裏。盲目的教徒們又從而附和。教堂裏爲馬克·安東尼舉行莊嚴的彌撒祭，堂中張着白幔，挂着一副向外科醫生借來的骷髏，一手執着紙條，大書「棄絕異端」（按係暗指新教）一手執着棕葉，作爲殉道的標識。

案子由都魯士法院審理了。喀拉全家的人被拘押起來，隔別鞫訊。大家堅持着初次的口供。然而八票對五票，父親被判車裂的死刑，他的兒子比哀爾尤兀，其餘的人宣告無罪。這種判決眞是殘酷而又荒謬，因爲要卽是全家都是共謀，要卽是全家都是無辜。喀拉老人自始至終表示他對於這件冤獄的痛心在法官詢問他何人共謀的時候，他老是回答道：「噯！旣沒有犯罪，那裏來的共謀？」

終於他被處極刑，劊子手用鐵棒打斷了他的臂骨腿骨肋骨。隨後把他繫在車輪上讓他慢慢地死，末了再用火刑。他對在他身旁的神甫說：「我無辜而死；耶穌基督簡直是無辜的代名詞，他自願受比我的更殘酷的極刑。我對於我的生命毫無遺憾，因爲我希望這場結局會引我去享受永恆的幸福。我哀憐我的妻和子，但對於那個我爲了禮貌而留他晚餐的客人，尤其覺得遺憾……」在場的舊教教士都相信他是無罪的，說他雖然是新教徒，但他的死與殉道者的受難完全一樣。」

這件故事使服爾德大爲詫怪。他覺得喀拉的罪狀是不近事實的，但他亦難於相信都魯士的法官竟會如此殘暴。恰巧喀拉家中有一部分人逃在法爾奈附近，住在日內瓦；他便把他們叫來，詢問了好幾次以後，確信他們是冤枉的。從此以後四年之間，爲喀拉一家平反冤獄成了他的一件大事。他說動了旭阿索公爵，普羅士王，凱瑟琳女皇爲之聲援，這件事情轟動了全歐洲，以至服爾德聲請覆審的運動終於成功，『雖然有些盲目的教徒公然主張與其使朗葛陶克省的八位法官承認錯誤，寧可車裂一個無辜的老加爾文教徒。甚至也有人說：『法官的人數多於姓喀拉的人數，』由此所得的結論是喀拉一家應當為保全法官的榮譽而犧牲。他們不懂得法官的榮譽是和別的人一樣，在於補救自己的過失。』

巴黎法院審理本案時頗能主持公道。部督士的判決於一七六六年春撤銷了。『到處的廣場上擠滿着人。大家要看這一家沉冤大白的人。法官走過時，大衆熱烈鼓掌，祝福他們。當時的情景所以格外動人的緣故，尤其因為那一天，三月九日，即是三年以前喀拉慘死的一天。』法王賜予喀拉寡婦三萬六千金幣作為撫卹，服爾德寫了一篇寬容論，中說『無論何人，有權發表他認為正當的任何言論，只要它不妨害公共秩序。』『如果你想學耶穌基督，你當為殉道者而勿為劊子手。』

這種說話雖是老生常談，可是只要有發生喀拉事件的可能時，還是應當反覆申說，甚至像他所謂的曉曉不已。在部督士另有一件與此大致相仿的西爾凡事件，亦是一個新教徒被誣而由服爾德為之平反的。他因此兩大冤獄在民間所得的榮譽，遠過於他的作品。

三十年後，國民大會(Convention nationalo)下令在「狂妄迷信害死喀拉的」廣場上建立一座白石紀念碑，上面鐫着下列的字句：「國民大會奉獻於父愛，奉獻於自然，奉獻於狂妄迷信的犧牲者喀拉，」費用由國庫支撥。

這是一七九三年的事，那時，國民大會正把幾百個與他們思想不同的法國人梟首。

十九　騎士拉拜爾事件

『比加地省(Picardie)一個名叫亞倍維爾(Abbeville)的小城中，有一個可愛的品行端方的女修院主。』城裏有一個叫做倍爾華(Belleval)的居民，年紀已有六十歲，是當地小法庭裏的警官。他追求女修院主，被她婉辭拒絕了。

一七六四年時，女修院主有一個十九歲的姪子騎士拉·拜爾(Chevalier La Barre)住在她身邊。他宿在修院外而但常和幾個朋友到院裏去用晚餐。倍爾華先生因爲從前被擯席外之故，一向懷恨着女院主。他得悉年青的騎士拉·拜爾和他的一個朋友哀太龍特會長(Président d'Etallondes)的兒子，在某次宗教儀仗出巡時不會脫帽，便想把『這件失禮的事』羅織成故意侮辱宗教的罪案。幾天之後的一個早上，亞倍維爾橋上的一座木十字架毀損了，可能是被路過的小車撞壞的，但有人定要把這件小事認爲故意的搗毀與侮辱宗教。湊巧亞米安(Amiens 法國名城之一)的主

服爾德紀念像

烏同作

（立於巴黎法蘭西喜劇院前）

教來舉行莊嚴的出巡典禮，滿城只談着這些事情。

倍爾華寶弄狡獪，有心把木十字架與出巡兩樁事情混在一起。他開始調查騎士拉・拜爾的人品。他獲得一張控告他的召喚狀，把一封主教的信在說教時公開宣讀，勒令忠實信徒供給證據，如有隱匿，必將開除教籍。這是再危險也沒有的事，因爲公開宣布的嫌疑案一定會產生僞證。世界上的惡人與瘋子只嫌太多；任何刺激會煽動他們的凶燄。當時就有一個證人說拉・拜爾唱過淫詞邪曲，另外一個發誓說他在講起聖・瑪麗・瑪特蘭時用過褻瀆的字眼，第三個證人又來報告同樣嚴重的事情。所能證明的盡於此了，而且還是出之於不負責任的證人之口，爲被告所否認的。

可是亞倍維爾的法官簡直殘暴到不可思議，把十八歲的哀太龍特判決連根割去舌頭，在教堂門前斬下右手，然後縛在柱上用文火燒死。幸虧哀太龍特在逃。但騎士拉・拜爾已經落在他們手裏。「法官們大發慈悲，減輕他的刑罰，判他先行梟首再用火刑。宣判此怪刑的時期是一七六六年二月二十八日。」

騎士拉・拜爾押送到巴黎。檢察長決意撤銷亞倍維爾的原判，但二十五個法官中十五個贊成維持原判。這一次，法蘭西全國人士都為之痛心疾首。騎士拉·拜爾重新押回亞倍維爾去執行。在場的陶米尼派教士（dominicain）看見他的痛苦而食不下咽。『吃一些東西罷，騎士和他說。你和我需要同等的精力纔能支持我主演的場面。』他受刑之前的遺言只是：『我不信人家會因了這麼一些小事而處死一個年輕的紳士。』他問劊子手道：『是你砍掉拉利伯爵的頭的麼？——是的，先生。——你那次手段不高妙呢！——那是他自己慌亂之故；你好好的不要張皇，我不會失手。——不要擔心，我一定不會作兒女態。』他的死訊傳到巴黎時，教皇的代表公然說這種事情在羅馬也不會如此辦理。在焚燒騎士拉·拜爾的火場上，同時焚燬服爾德的哲學辭典。

這種慘無人道的事情又激發了服爾德的嬉笑怒罵。顧問官巴斯基哀（Pasquier）在法院中宣稱，亞倍維爾青年的褻瀆宗教是因為看了現代哲學的著作之故，他並說出服爾德的名字。服爾德駭壞了，離開法爾奈。『過了幾天，考慮的結果祛除了恐懼，他不復害怕任何敵對的當局了。』十餘年中，他努力要平反哀太龍特的冤獄，反訴判決騎士拉·拜爾的法官，但終於沒有成功。

司法上的屈枉是每個時代都有的，但在那時似乎特別嚴重。略拉事件發生之後，差不多所有的冤獄都引起了法爾奈的注意。一七六六年，服爾德辯護故拉利伯爵的冤獄 Comte de Lally 1702-1766 法國駐印度長官，與英人戰敗，被誣賣國，判處死刑，終於替他伸雪了。一七六九年他平反一個農夫馬丁的冤獄。他被誣殺人而受車裂，到後來眞正的凶手卻招認了。一七七〇年，是聖·奧曼地方蒙拜伊(Montbailli)夫婦的案子，不幸服爾德出場援助的時候，丈夫已被處決，但赦免了他的妻。有時他自己也弄錯了，援助並非眞正含冤的人。但與其枉死無辜，寧可釋放罪人。在賦稅方面，他把日克司地方(Gex)的人民從苛捐雜稅之下解救出來，當日克司舉行三級會議 按此 trois ordres 尚另有歷史意義，譯者不詳，擅譯如此。 通過與法國訂立的條約時，服爾德被請去主持典禮。他在市政廳的窗口中與衆爲禮，喊道：「自由萬歲」民衆歡呼道：「君王萬歲！服爾德萬歲！」

陪侍他的有法爾奈的十二名龍騎兵，站在會議室前面。「十二名龍騎兵對我們的朋友舉劍致敬，他隨卽動身回去用餐。路過四五個村鎮時，大家把月桂擲在他的車中。他全身都蓋滿了。他的居民排列着迎接他，揮舞着匣子，瓶，對他致敬。他非常快樂，全不覺得他已是八十二歲的老人。」

二十　元老

一個大文豪而能享上壽，確是一種力量。他贏得羣衆的愛情，他們即使不知道他的作品，也要敬重他的耆年；他獲得後輩的寬容，因爲明知他不久人世，不再吝惜對他表示應有的崇拜；還有他能恢復一個人天然的自由思想，因爲知道自己臨到虛無或最後之審判（依各人的信仰而定）之日不遠，故對於此世的一切，即使不能常常保持的坦白的判斷力，此刻也能完全恢復。一七六四年後，服爾德先後過了七十，八十的高齡，成爲歐洲智識界的元老。大家不復當他是人而是象徵了，即使安納西（Annecy 法國東南部城名）的主教，因爲他不顧教會反對而上演某齣猥褻的喜劇而向朝廷控訴他，在從前會把他監禁起來的大臣，此刻亦不過寫了一封措辭嚴厲的信給他。舞蹈家范斯德利（Vestris 1729-1808）說：「現在歐洲只有三個大人物：普羅士王，服爾德先生與我。」

各國的君主，除了他本國的以外，認爲他是思想界的權威。他的巴黎友人發起爲他建造紀念

按烏同(Houdon)為法國十八世紀大彫刻家，所作服爾德像甚夥。皆為藝術上之傑作

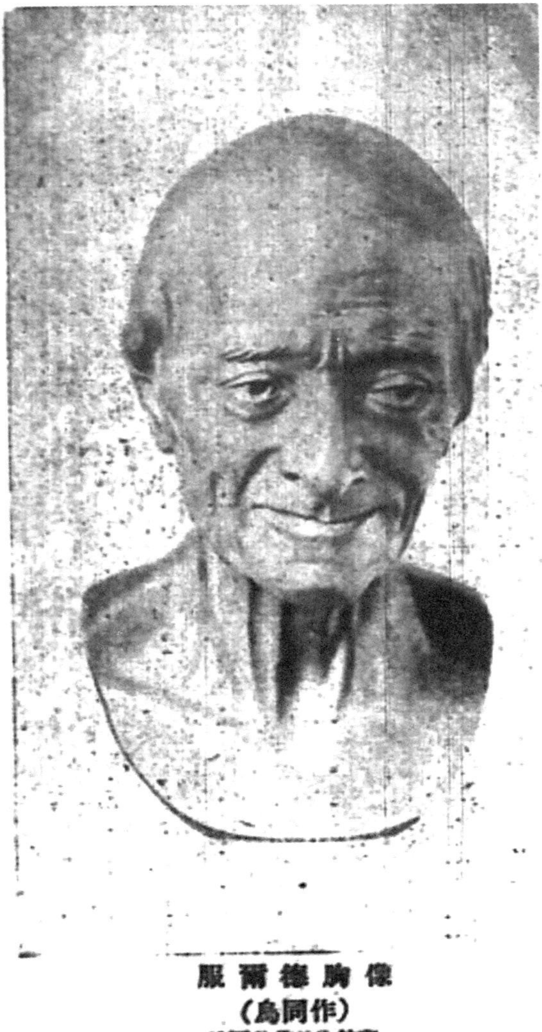

服爾德胸像
(烏同作)
法國魯佛美術館藏

像，四國君主答應負擔費用：俄羅斯女皇，普羅士王，波蘭王，丹麥王。這件事情使他非常歡喜：「我有了一手的王（按係以紙牌作譬），他說，但我應當勝這一局。這個榮辱交錯黑白相映的生涯，你不覺得驚佩麼？在我的四王之中沒有一個南方之王，你不覺得遺憾麼？」

弗萊特烈克和他音信隔絕，勃谿了五年之後，與他重修舊好了。「這是情人的反目，」服爾德說。「宮廷中的糾紛過去了，但主要的美妙的情分歷久常存。」兩人重復通信，初時稍感困難，因爲普羅士與法國正在交戰。但那時的愛國情調並不如何堅強，他們儘可在兩軍交綏的情形中賦詩酬唱，這在今日勢必是輿論譁然的事件：

弗萊特烈克致服爾德

魅人的民族，可愛的瘋子，
空言和平而不想實行，
你們究竟要戰爭還是和平？
總應切實決定了吧。

服爾德致弗萊特烈克

既然在戰爭與賦詩的藝術中，
你是一個那麼偉大的大師，
既然你亦歡喜如此，
那麼吟咏罷，斷殺罷；
教育人羣罷，刼掠世界罷；
我愛詩歌，我恨戰爭，
但我不反對你行軍的凶燄，
我想，像你一樣具有殺戮，
與取悅的藝術是人人歡喜的。

我們可不容易這樣想。「這是弗萊特烈克在結論中說，馬丁與班葛羅斯的討論方式，至於我，只要人家斷殺下去，我總是奉陪的。你是流血慘劇的旁觀者，你儘可在我們殘殺的辰光嘲弄我們」

兩人中間的關係轉變了，書信也坦白了，酬答的詩歌不盡是諛揚菲維的了，服爾德以艱堪的口吻寫道：「你當兵的職業與君王的地位不能如何感動我們的心，」弗萊特烈克在騎士拉·拜爾事件中以國家的立場反對服爾德：「對於時代特有的偏見應當迎頭痛擊麽？……你當記得風德奈 Fontenelle 1657-1757 法國大文豪 的名言：「如果我手裏盡是眞理，我亦將三思而後啓視。」這樣說過之後，兩人互相欽佩。後來當服爾德去世之後，弗萊特烈克對他仍是念念不忘：「我每天早上對他祈禱。我和他說：神明的服爾德，爲我們祈禱罷。」

另外一個『開明的』狡猾的君主亦成了老人的朋友，那是偉大的凱塞琳 (Catherine)。他們爲了彼得大帝而開始通信以後，一直在親切尊敬的情調中繼續無間。凱塞琳稱讚服爾德爲略拉主持公道，服爾德稱讚凱塞琳在國內建立『理智、清白、道德』三大信條。他們之間爲了土耳其戰爭說過一大篇打趣的話：「我承認雖在戰事期間，我村中仍舊把成箱的鐘錶運往君士但丁堡。因此我與戰勝戰敗兩方都有來往。我還不知道多髭的胖子 按此語似指俄兵 有沒有買我的錶，但我知道

俄凱塞琳女皇像

Gosál 作　　　　羅浮館藏

他們沒有與情人幽會的餘暇（按此語暗指軍事忙碌。）而你反使他們過了凶險的時間。」

服爾德是否在這些君王的友誼中感到精神上的快樂，我們不得而知；但他一定有虛榮的快感，他甚至覺得自己不啻智識界的王者，故與皇約瑟二世經過日內瓦而不像大衆一樣的到法爾奈來，使他非常難堪。

訪問的賓客與歲月俱增。亞朗培也來了，欣喜非常。大家接待亞倍維爾案中的哀太龍特時又是十分激勵。但始終忙於工作的服爾德，對於普通的賓客是迴避的。這種人每天都有：藝術家、學者、哲學家、德國親王、波蘭親王、俄國親王。他總用老法子——裝病來搪塞。要是通報的是一個厭物的話，他就喊道：「快，快，德龍瑯醫生。你所見的是一個垂死的人，我只有幾分鐘可活了……」於是他又是癱瘓，又是聾聵，差不多是盲目了。過了那個辰光，他像孩子般一躍而起，到花壇裏去拔草了，「那是些又小又細，藏在鬱金香葉下，別人找也找不出的莠艸。」

所有訪問過他的人都描寫過他形銷骨立的外貌。當畢伽爾（Pigalle 1714-1785 法國大彫刻家）想爲他塑像時，他說：「據說畢伽爾先生要來塑我的肖像。可是，夫人，要我有一副臉相纔行啊！人家簡直猜不到我臉部的位置。我的眼睛凹進去有三分深；我的面頰是黏在東倒西歪的骨頭上的羊皮紙；所有的少數的牙齒都落光了。人家從沒有塑過這麼一個可憐蟲的像。』彫塑家一到，『可憐蟲』的精神卻又活躍起來，從彫塑家的談話裏找到爲他老題目辯證的藉口。他問畢伽爾要用多少時間纔能塑一座三尺高的馬，畢伽爾答道：『六個月，』服爾德要他寫下來簽了字。於是他勝利了。聖經中的亞龍 Aaron（按係摩西的長兄希伯來族之大教士。）怎麼能在一夜之中鑄成金牛呢？在他以後幾年的餘生中，他老是天真地把畢伽爾的說話和擁護聖經的人抗辯。

只要他遇到這樣的一個題目，他便關起門來，一天一晚寫了一段哲學辭典中的文字，或是一篇語錄，或是一篇尖刻的駁議。翌朝，他精疲力盡了。但怎麼能停止活動，停止寫作，停止建造，停止奮鬬，停止冒險呢？『人生是一個嬰兒，應當推動他的搖籃直到他睡熟爲止。』他是一個殘廢者。他永遠是這個樣子。八十年來，他總是只有幾分鐘可活，而這幾分鐘是告終了。他快要死了。或者他已經死了。『他忘記了埋葬自己，』一個訪問者說。

二十一　服爾德的加冕

爲何一個八十三歲的老翁還決定不避艱險，從法爾奈到巴黎去呢？「我？他說，到巴黎去？知道在那個城裏有四萬束木柴給我佈置火刑場麼？——但是，一個慫恿他去的人說，你知道你在巴黎有八萬個朋友一齊奔來撲滅火種，而且要是你歡喜，把搬柴的人淹死？」

路易十五一日在世，他便一日不許回巴黎。當路易十六登極時，所有的大臣都更換了；「開明而有德的」人如瑪闌才勃 Malesherbes 1721-1794 路易十六時大臣，以公平正直思想開明及容文人著稱。 杜谷 Turgot 1721-1781 法國經濟學家 諸都上了臺。從此巴黎於服爾德是開放了。特尼夫人，維爾德夫人竭力慫恿他動身。巴黎百科全書派的人亦熱望他去。加以服爾德剛寫了一部悲劇伊闌納（Irène）預備給法闌西喜劇院上演。演員們意見紛歧，作品的演出要受影響了。伊闌納的成功是八秩老人極關心的事，他理想他一去便可解決一切。於是他動身了。

米拉博：

霸權終究消散，唯有富從狂信的區域，真正的功績畢竟值得頌揚。

服爾德

是啊，我的勝利是美妙的，因爲它是全法國人的事業。

米拉博與服爾德

按米拉博(Mirabeau)爲法國革命時大演說家

他穿過法爾奈村，安慰那些流淚的居民，說他六星期後一定回來，他自己也和他們一樣的哭，但過了最後的一所村舍之後，變得非常快活了，滔滔不竭的講着故事。到了蒲格(B urg)，舉杯請得他，驛站主人給他最好的馬匹，吩咐馬夫說：「好好的爲服爾德先生趕路，鞭死我的馬也不妨。」到了第雄(Dijon)當地的青年扮着僕人侍候他。在巴黎關卡上，稅吏亦認出他，喃喃地說：「服爾德先生，」恭恭敬敬對他行禮，也不敢問一聲他有沒有夾帶私貨。一忽兒後，他到了波納街與現今稱爲服爾德堤岸的轉角處，到了維爾德夫人的府第（按維爾德夫人即學列古小姐，曾受服爾德之撫養，後嫁維爾德侯爵。）馬上，他「在執政時代的假髮上面戴着一頂皮邊的紅絲絨小帽，」出去拜訪阿揚太先生，和他說「我特地從臨終的昏迷中醒過來擁抱你。」

他的來到，使巴黎城比一國的君主來到更加轟動。「在走道上，在咖啡店裏，大家只議論着他。人們走攏來互相說：『他來了，你看見過麽？』戰事的消息，宮廷的陰謀，比乞尼派與格呂克派（按Piccini與Gluck爲當時兩大音樂家）的爭執，一切都置之腦後了。維爾德府中滿是賓客。法蘭西學士院派遣代表團登門致意。法蘭西喜劇院的演員成羣的來。服爾德穿着睡衣戴着睡帽見客隨後又埋頭修改伊蘭納。

卜利詹夫人 Mme de Polignac 1749-1793，南格夫人 Mme Necker 1734-1794 著名女作家，格呂克比乞尼，都來表示敬意。佛蘭克林 Benjamin Franklin 1706-1790 美國大政治家，獨立運動領袖之一。帶了孫子來請服爾德祝福。老人伸出手來說：『上帝與自由』(God and Liberty)

佛蘭克林與服爾德的相會，民主政治與理神主義的握手，這已是大革命開始的預兆。只要在兩人一同露面的地方，『或是戲院裏，或是散步場上，或是學士院內，總是掌聲不絕。服爾德打一個嚏，佛蘭克林便說：『上帝祝福你』於是彩聲復起。第特洛 Diderot 1713-1784 法國哲學家，百科全書派首領。來了，滔滔不竭的談話使服爾德插不下一個字，他說：『這個人當然極有思想但上天少給他一件主要的才能，卽對話的本領。』大臣們亦來了。唯有王室毫無優禮的表示，但也不敢把他趕回法爾奈。在巴黎這些熱鬧的日子中，一件疏忽的行爲幾乎闖出禍來。

正當人家把他奉如神明的時候，他的身體提醒他死期近了。他吐了幾口血。有人向他提議請一個懺悔師來。巴黎全城窺伺着他的態度，但他只有模棱兩可的表示。他很怕將來他的遺骸被棄在荒塚上，要求依照初期教會中的慣例讓他在大衆前面懺悔。哥蒂哀神甫堅持反對，定要他表明他的宗教情操。他不肯在發明書上簽字，把懺悔師送走了，說：『今天這樣已經夠了；不要把事情弄得嚴重。』他最擔心的是伊蘭納的排演問題，他說：『要是我到巴黎來只為了懺悔和受人恥笑，纔是難堪呢。』

伊蘭納並未受人恥笑，卻大獲成功。他寫信給弗萊特烈克二世說：『我竭力在巴黎避去兩件事情：嘲笑與死。我在八十四歲上要能逃過這兩種致命的疾病纔是有趣呢。』

他的悲劇首次上演時，他不能親自到場，但到三月三十日第六次上演時，他覺得身體恢復，可以出去了。那次的情形眞是驚人。巴黎全城像發了瘋一樣。在一輛繪着金星的藍色車中，一副老朽的骸骨穿着皮邊的絲絨外衣，手裏執着一根小杖，巍然過市。學士院的全體會員，除了主教以外，都在門口迎接他。路上擁擠的羣衆喊着：『閃開，服爾德來了！』衛兵接他下車，一直陪他到包廂裏。他一進去，觀客都站起來喊着：『服爾德萬歲！光榮啊，喀拉的辯護人！光榮啊，世界的偉人！』

末了，觀客要求演員為他加冠。在兩齣戲中間，幕啓處臺上放着一座服爾德的像。全體男女演員在像前魚貫而行，每人放一座桂冠在它頭上，每次羣衆站起來向服德爾喊道：『這是大衆給你的！」隨了，衆人轟轟烈烈的送他回維爾德府。女人們差不多把他抱在懷中了：「夫人們，他說，你們叫我歡喜得要死了。」一個作家從來受過這樣的敬禮。但他仍舊保持着冷靜的頭腦：「成千成萬的人對你喝彩啊，有人和他說。——嘿！他答道，要是我斷頭的時候，也有成千成萬的人來觀看呢。」

幾星期後，他繼續了這凱旋征服的城。他一回家立即工作，說他沒有多少時間可活，而他應當不負衆人

維爾德侯爵夫人爲服爾德加冕

（[illegible] Lekain）

給予他的榮衆。終於，五月十一日，他發熱了。德龍蘇醫生診斷爲攝護腺癌。他非常痛苦，神志昏迷了。

關於他的死況有許多矛盾的說法，每派有每派的作用，教會與哲學家們都想利用他的死況作爲一種榜樣。當地的神甫拒絕他葬在教墓上，威嚇着正如服爾德所擔心的一樣，要把他棄在荒塚上。於是人家把他葬在他的姪子當神甫的舍利哀（Sellières）。他的心保存在國家圖書館裏，直到今日。

二十二 結論與批判

在大地上有過宏偉嘹亮的聲音的生命，決不會在靜寂的墳墓中立即泯滅的。服爾德的一生全是熱烈輕快的節奏（allegretto），不能突然一變為嚴肅靜穆的調子（andante maestoso）。若干時內他的帝王的朋友繼續為他忙亂。弗萊特烈克二世委託烏同塑造一座胸像。凱薩琳女皇意欲收買他的藏書，寫信給特尼夫人商量，稱她為「曾經有些愛我的偉人的姪女。」

在法國，他所不贊成（因為他是保守主義者與君主專制的擁護者）而確曾揭竿倡導的大革命，把他當作先知者。一七九一年，憲政會議下令把服爾德遺骸遷葬先賢祠（Panthéon）。在壯麗的行列之前，那個「善心的美女」（按即維爾德夫人）穿着希臘式的長袍哀泣。一八一四年首次復辟時，他的棺龕被人盜發，經過的情形迄今不明，那座形銷骨立的遺骸，曾經於八十餘年中負載服爾德靈活的天才的屍身，從此不知下落了。

特尼夫人手持服爾德之冠冕

他是一個偉大的人格麼？他譏諷帝王而又諂媚帝王。他對教會中人宣說應當寬恕橫暴，他卻不能放過他的敵人。他慷慨而又吝嗇，坦白而又詭騙，懦怯而又勇敢。他最怕人類免不了的打擊，他的一生卻老是捲入最易遭受打擊的糾紛。他在法爾奈有如一頭躲在窟中的野兎，但是狡猾的野兎，在政治場中往往會令獅虎卻步。他受不住有利可圖的事情的誘惑，但更受不住危險的善行的誘惑。

他是一顆偉大的智慧麼？他不瞭解宗教，也不瞭解宗教之所以能不斷的復生是證明人類有此不斷的需要。他把基督教義與被人附會曲解的教義混爲一談。他對於一切都好奇，他比數學家知道更多的歷史，比史學家知道更多的物理。他的天才能適應種種不同的規律。我們可以說這樣的無所不知實際只是一無所知，在「通俗化」之中便有「庸俗」，但這亦是淺薄的思想。大衆也需要多少文人不時把專門學者的成績代爲咀嚼消化，需要他們做一番歸納綜合的功夫。否則，專家與常人之間會有不可超越的鴻溝，會釀成社會的混亂。何況「明白」並非與「庸俗」同義，除非在詩歌中是如此，故服爾德只有在他不求「明白」的小說中纔是詩人。

他是一個寬宏大度的人麽?他的本性始終是慈悲爲懷,慷慨大量的,他的撫養高乃伊小姐足爲證明。他痛恨苦難,不但爲自己卽爲別人亦如此。他曾努力爲人袪除無謂的悲慘的災禍。有一次,一個朋友去看他他正含淚讀着一段歷史,說:『啊!人類曾經那麽不幸那麽可憐!而他們的所以不幸只因爲懦怯愚蠢之故。』當他要和殘暴與酷刑奮鬪時,他難得愚蠢,從來不懦怯。『是的,他說,我嘵嘵不已,這是我老年人的特權,我將嘵嘵不已直到同胞革除愚蠢的時候。』戰爭最是殘酷的暴行之一,他對於戰爭的寬容未免令人詫異,但在他的時代,兵士是雇用的,而且只用雇用的兵士去打仗,故它的禍害亦相當輕減。

在一切十八世紀的哲學家中,最少哲學家氣息的他倒是最著名,這是什麽緣故呢?因爲十八世紀是中產階級與紳士的時代,是博學的與輕佻的時代,是科學的與浮華的時代,是歐洲的尤其是法國的全盛時代,是古典的而已染着浪漫色彩的時代,而這一切特點都集於服爾德一身,他是十八世紀一幅最完美的圖象。

還有,他在外國人心目中是純粹法國式的。世界上其他的國家,一直愛好如服爾德或法朗士

Anatole France 1844-1924 法國近代大小 家，批評家。指的作家，以巧妙婉轉的態度，用明白的言語表現簡單的思想。這種特殊的混合並非整個法國的面目，而是一部分法國的面目，而最優秀的法國人多少總有這種成分。因服爾德之功，法語纔得在十八世紀中風靡全歐，纔成爲語言的光榮，它無異全歐的心靈所反射出來的奇光異彩，能罩着法奈爾老人。

最後的尤其重要的一點，是他的轟轟烈烈的生活，凡是怕煩悶甚於煩惱的人，對於使他們生活在明快強烈的節奏中的人，常然是感激不盡的。從西雷、柏林、法爾奈散佈到全法國的小册子、短文、小說、詩歌、書信，有如洪水一般，其中有陳腐的俗套，亦有精警的名言。但一切是輕快的，歡樂的，而法國人聽到服爾德先生的琴聲顫動時，都覺得精神一振。自然我們可以更愛更嚴肅的音樂，但一百多年以後，法國對於所謂服爾德先生的強烈活潑的調子（prestissimo）仍是百聽不厭，足見它自有魅人的力量。

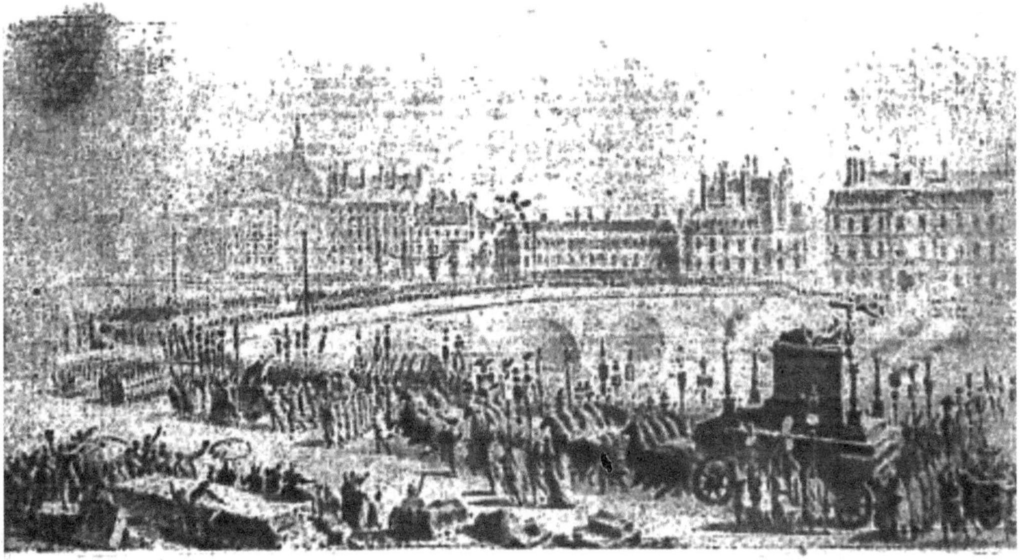

服爾德的國葬禮（一七九一年七月十八日）

(Pricur 素描)　　魯佛美術館藏

參考書

本書所用參考資料爲人盡皆知之典籍，如服爾德之著作及書信，龍鄉(Longchamps)及華尼哀(Wagnière)之回憶錄，葛拉斐尼夫人 Madame de Graffigny 1695-1758 以學問淹博聞於時，書信中頗有諷刺服爾德之處。之書信，德諾萊斯丹 Lesnoiresterres 1817-1882 之大著服爾德與十八世紀法國社會，龔陶賽 Condorcet 1743-1794 法國哲學家，數學家，政治家，曾參與革命。及阿揚太 Argental 1700-1788 服爾德之崇拜者 之服爾德傳，朗松 Lanson 近代法國文學史家 勃呂納蒂哀 Brunetière 1849-1907 法國近代大批評家 斐爾索 Bellessort 法國作家兼教授 穆黎 Morley 1838-1923 英國政治家兼政論家 諸人論述服爾德之著作。本書首章材料頗有採用斐遼·于斯蒂阿尼(Fidao-Justiniani)之何謂古典主義者之處，至論列服氏小說及故事一章，則多引彭維爾 Jacques Bainville 近代法國作家 爲服爾德全集(Cité des Livres 版)所作之緒論。

中華民國二十五年[illegible]月初版

(97121)

漢譯世界名著 服爾德傳一冊

Voltaire

每冊實價國幣伍角 45

外埠酌加運費匯費

原著者 André Maurois

譯述者 傅[illegible]

發行人 王雲[illegible] 上海河南路

印刷所 商務印書館 上海河南路

發行所 商務印書館 [illegible]

(本書校對者施伯朱)